汉韩特殊否定表达
对比研究

金龙军◎著

华夏出版社

HUAXIA PUBLISHING HOUSE

图书在版编目（CIP）数据

汉韩特殊否定表达对比研究 / 金龙军著 . -- 北京：华夏出版社有限公司，2024. -- ISBN 978-7-5222-0773-5

Ⅰ . H146.3；H554

中国国家版本馆 CIP 数据核字第 202430S8G2 号

汉韩特殊否定表达对比研究

作　者	金龙军	
责任编辑	赵　楠	

出版发行	华夏出版社有限公司	
经　销	新华书店	
印　装	北京华宇信诺印刷有限公司	
版　次	2024 年 11 月北京第 1 版	
	2024 年 11 月北京第 1 次印刷	
开　本	880×1230　1/32 开	
印　张	6.25	
字　数	100 千字	
定　价	68.00 元	

华夏出版社有限公司　网址：www.hxph.com.cn 电话：（010）64663331（转）
地址：北京市东直门外香河园北里 4 号 邮编：100028
若发现本版图书有印装质量问题，请与我社营销中心联系调换。

目录
contents

第一章

· · · · · · · · · · · · · · · · · · ·

引　言

1.1　研究内容

语言哲学家维特根斯坦指出，语言中不可或缺的一部分就是否定句的存在。否定概念涉及逻辑、语言等多个不同的领域。在实际的语言交流中，否定范畴的应用极为广泛，它在表达手段上展现了丰富的多样性，对于人类语言的功能和作用而言，具有极其重要的地位。随着语言学领域对于否定范畴的研究日渐深入，给否定范畴下一个精确的定义，是一件极具挑战性的事情。

回顾过去人们对否定范畴的研究，我们会发现，许多学者从不同的角度对否定进行了分类，比如局部否定和全部否定、显性否定和隐性否定、语义否定和语用否定，等等。本书将否定范畴划分为一般否定和特殊否定，这种划分的标准是否定标记和否定义。相对而言，特殊否定是一般否定的一个特殊形态。一般否定在形式上具有否定标记，在语义上则是对语句命题的一种否定判断。而特殊否定则是说话者为了传达一种特定的主观情态，为了达到特定的交际目的而采用的语言策略和表达手段。因此，特殊否定的表达形式比一般否定要丰富得多。

王志英（2012）在研究中提到，特殊否定的表现形式通常也会使用否定标记，但否定的对象可以是语句的命题，也可以是非命题，也就是说，否定的可以是语句的真值，也可以是非真值。此外，还有一种特殊否定，即使没有否定标记，也能起到否定作用。根据这个标准，本书选择了特殊否定的两个视角进行研究——羡余否定和间接否定。

羡余否定在形式上使用了否定标记，但所否定的命题的真值既可以是肯定的，也可以是否定的。羡余否定与其肯定形式的表层语义是相同的，因此在语义上它表现出的是一种羡余（也称为冗余）。间接否定则不使用否定标记，但表达出否定义，其否定义的真值需要通过一定的逻辑推理或语用推理来得出。这两类否定的共同点在于，它们在形式和意义之间存在不一致的现象，这种现象在世界各种语言中都出现过。

近年来，汉语学界对羡余否定和间接否定进行了广泛而深入的研究。相比之下，韩国语学界对这两类否定的研究起步较晚，还需要进一步的挖掘。更重要的是，汉韩否定范畴的对比研究还停留在一般否定的层面，对于特殊否定的对比研究则非常少。这使得汉韩特殊否定的研究成为否定范畴研究的一个重要领域，也是汉韩否定范畴研究中不可忽视的一部分。

本书旨在深入剖析汉韩羡余否定与间接否定现象，通过以下几个维度展开详细探讨。首先将遵循一致的标准，系统归纳并整理出汉韩羡余否定与间接否定的全貌。接下来，聚焦于各类否定结构所蕴含的语义特点及其背后的制约因素，力求全面揭示其深层次的表达特性。随后，我们将深入探索汉韩羡余否定所展现的语言共性与独特性，挖掘不同语言中这一现象背后的使用规律与机制。同时，我们还将从听话者与说话者的双重视角出发，细致剖析间接否定的运用机制，以增进对其复杂性的理解。最后，为了验证上述分析并深化研究，我们将选取具有代表性的否定形式作为个案，进行详尽而具体的分析。通过本书，我期望能够为汉韩国语言中的否定表达提供更为丰富、详实且深入的理论见解。

1.2　目标与意义

本书的写作目标在于，通过对汉韩羡余否定和间接否定进行深入的比较分析，详细探讨这两种特殊否定的语法结构分布、语义特征以及它们各自的适用范围。我们还将进一步对这两种否定表达的使用机制进行全面的考察，以期达到对其内在逻辑的深刻理解。

目前，对于韩汉两种语言中特殊否定表达的研究还处于初步阶段，其认识和理解还不够全面和深入。因此，我们需要进行大量观察、描写和解释工作，以期对这一复杂而有趣的语言现象有更加全面的理解。本研究以韩汉羡余否定和间接否定作为研究的切入点，这对于全面理解和深入研究这两种特殊否定形式，以及深化汉韩否定范畴的研究具有重要的学术价值。同时，这一研究也有助于我们进一步理解和揭示汉语的特点。由于特殊否定的使用和理解，与语用学和认知语言学的关系密切，因此，在语法和语义分析的基础上，我们采用了与语用学和认知语言学相关的理论，从跨语言的视角对特殊否定在产生和理解过程中的语言共性和个性进行了阐释。这种研究方法上的交叉性，不仅丰富了我们的研究手段，也为整个语用机制的研究提供了新的视角和补充。

此外，本书在解释特殊否定的生成和理解过程中也力求突破以往以描写为中心的汉韩否定对比研究模式，试图建立一个特殊否定表达的对比研究框架，这不仅对于汉韩特殊否定的深入研究具有重要的推动作用，同时也为外语教学和跨文化交际提供了有力的理论支持。

1.3 理论与方法

1.3.1 对比语言学视角

对比，作为语言研究的重要手段，对于全面理解语言特性具有举足轻重的地位。通过系统地对比不同语言，我们能够提炼并概括出每种语言的独特属性，这对于构建全面且系统的语言体系具有至关重要的意义。以汉韩两种语言为例，尽管两国地理位置相近，且韩国语在历史上深受汉语影响，呈现出一定的相似性，但从根本上讲，它们分属不同的语系，其表达方式上存在着显著的差异性。

具体到否定表达这一语言现象，汉韩两种语言展现出了不同的规律和特点。这些差异不仅体现在语言结构的层面，更与各自的文化背景、思维方式以及语用习惯紧密相关。特别是在特殊否定的运用上，其复杂性和多变性尤为突出，这既受到语言内部规则的制约，也受到外部因素如说话者的意图、听话者的理解等因素的影响。

鉴于汉韩否定范畴对比研究的重要性，特别是特殊否定现象的复杂性，本研究将在对比语言学的框架基础上，采用传统语言学、语用学以及认知语言学等多学科交叉的研究方法，对汉韩特殊否定的语法结构、语义内涵、语用功能及其运作机制进行全面、深入的对比分析。

1.3.2　描写与解释相结合的研究方法

在剖析中韩特殊否定现象的过程中，本书融合了描写与解释相结合的研究方法，形成了一种综合性的研究策略。具体而言，这一方法是以类比描写为核心，即在全面、细致的描写框架内，对汉韩两种语言中羡余否定与间接否定的相似性与差异性进行系统的梳理与归纳。

本书对语言现象的描写，旨在为后续更为深刻地解释奠定基础。唯有通过详尽无遗的对比描写，方能精准把握各种要素的特质，进而在此基础上构建出科学合理的解释体系。针对中韩特殊否定的具体语言实践，本书不仅详尽无遗地描绘了羡余否定与间接否定的共通之处，还总结出每种语言在否定表达上的独特形式。同时，我们亦未曾忽视隐藏于这些语言事实背后的深层次规律与运作机制，力图通过概括与阐释，揭示其内在的逻辑特性。

1.3.3　语用学与认知语言学的综合理论框架

何自然在《认知语用学——言语交际的认知研究》一书中阐述了言语交际的众多现象实质上蕴含着语用与认知的双重维度。这一见解构成了本研究核心理论框架的基石，即融合语用学与认知语言学，以全面剖析特殊否定现象。

语用学聚焦于语言在实际交际中的动态运用，其合作原则与关联理论可以解释特殊否定在语境中的运用与理解机制。而认知语言学则深入挖掘了人类心智在语言处理中的角色，其理想化认知模式、主观性理论、隐喻机制及构式语法等为我们揭示了特殊否定现象背后复杂的生成逻辑与心理动因。两者虽各有侧重，却相辅相成，共同构建了一个既关注语言使用过程，又重视语言使用者认知活动的理论框架。这一结合不仅拓宽了对特殊否定现象的理解视野，还提供了一个更为宏观、深刻的理论分析工具，使得我们能够更加全面、准确地把握其本质与规律。

1.4 语料来源

为确保研究资料的真实性，本书所采纳的语料资源源自多方渠道。汉语语料方面，主要依托了北京大学中国语言学研究中心的《现代汉语语料库（网络版）》（网址：http://ccl.pku.edu.cn/corpus.asp），同时也参考了北京语言大学编纂的《BCC 汉语语料库（网络版）》（网址：http://bcc.blcu.edu.cn），这两个语料库共同构成了汉语例句的主要来源。韩国语料方面，主要采纳了韩国国立国语院《21 世纪世宗计划》现代韩国语语料库（2011 年修订版 DVD）的资料。此外，为了体现研究的时效性和广泛性，本书从网络、小说等其他媒介中也选取了部分语料，这些语料在例句后标注了出处。

第二章

◆·····················◆

研究综述

随着语言学研究的不断发展和否定范畴研究的逐步深化，运用新兴的理论体系和创新的研究手段，能够解释的否定现象越来越丰富。特别是汉语中独特的否定表达方式，近三十年来已经取得了丰硕的研究成果，深度和广度都在不断提升。然而，与此形成鲜明对比的是，韩国语在这一领域的研究却相对较少，无论在研究数量上，还是在研究质量上，都还有很大的发展空间。此外，由于文献资源的极度不平衡，特殊否定的汉韩对比研究更为少见。为了能够全方位地理解韩汉两种语言的否定范畴，我们不仅需要对一般否定进行深入分析，同时也要大力开拓特殊否定的研究领域。因此，对韩汉特殊否定的对比研究也势在必行。

2.1 汉语特殊否定研究

在汉语语言学领域，对于否定现象的研究已经达到了相当深入的层次。对于羡余否定现象的研究，始于朱德熙先生 1959 年的文章《说"差一点"》。朱德熙先生在这篇文章中指出了一个有趣的语言现象：有时候，表达"差一点"的后面所接的无论是肯定形式还是否定形式，竟然能够表达出几乎相同的含义。这种现象引起了朱先生的注意，他认为这种表达方式并非固定的语言规则所能完全解释，其具体的意义往往需要结合具体的语境来确定。

朱先生的这一观点开启了羡余否定现象研究的先河。此后，许多学者如吕叔湘、沈家煊、石毓智、张谊生、王志英等，都对此类现象进行了类型化的研究，并取得了显著的成就。在羡余否定的界定、表达形式、特征、类型和成因等方面，学者们都有深入的探讨和研究。其中，石毓智（1992）首次提出了"羡余否定"这一术语，而戴耀晶（2004）则将其称为"冗余否定"。尽管有不同的命名，但"羡余否定"这一术语已经在汉语学界得到了广泛的认可和应用。

汉语羡余否定的表达形式多种多样，包括"差一点儿（没）""不一会儿""好不X""在没（有）……以前""小心（别）VP""非……不可／才"等。许多学者如朱德熙（1959）、毛修敬（1985）、水行（1987）、张谊生（1992）、石毓智（1993）、沈家煊（1994，1999）、方绪军（1996）、顾之民（1996）、周明强（1998）、王敏（2000）、董正存（2004）、刘长征（2006）、邹立志（2006）、侯国金（2008）、王灿龙（2008）、刘雪芹（2009）、张丽萍（2010）、王志英（2012）、陈秀清（2018）、李明（2023，2024）等都对此进行了深入的研究和探讨。张谊生（2004）还从表达作用的角度出发，对羡余否定进行了分类，并探讨了其语用功能。王志英（2012）则结合了认知语言学和语用学的理论，对汉语中的特殊否定现象进行了系统化的研究，特别是在羡余否定的生成动因和机制方面提出了新的见解。

在汉语学界，对间接否定的研究始于 20 世纪 80 年代，由吕叔湘和王力的研究开启。他们的研究关注的是反诘语的间接否定功能，这一领域的研究在汉语学界和外语学界都受到了广泛的关注。对于间接否定的研究，可以分为规约性间接否定和非规约性间接否定两大类。有关规约性间接否定的研究中，张伯江（1996）、杜宝莲（2004）、兰成孝（2008）、胡德明（2008，2010）等人基于语用学的理论框架，对表达否定意义的反问句进行了深刻的探讨和研究。吕叔湘（2003）、邵敬敏（1996）、寿永明（2002）、刘睿研（2006）、郑蕾（2007）、黄喜宏（2008）等人也对使用疑问词来表达否定概念的句子进行了研究。此外，陈艳丽（2007）在研究中特别关注了间接否定在祈使句中的运用；彭振川（2009）提出并讨论了假设句中间接否定的功能；潘晓军（2010）则触及了插说语中的间接否定用法。

非规约性间接否定的研究则涉及了会话含义、关联理论、合作原则、礼貌原则和语境制约等方面，孔庆成（1998）、姜宏（1998）、陈兴（2002）、钱琴（2002）、周静（2003）、王珍（2007）、曾莉（2011）等人都有所贡献。王志英（2012）也运用认知语言学的理论，对间接否定的生成和理解机制进行了解释。

总的来说，汉语羡余否定和间接否定的研究已经取得了一定的成果，但还有一些问题等待进一步的研究，特别是非规约性否定的动态研究，还有待学者们的深入探索。

2.2 韩国语特殊否定研究

韩国语羡余否定和间接否定的研究相较于一般否定的研究要晚很多，直到最近二三十年才逐渐受到广泛关注。因此，在研究数量、研究范围和深度上，韩国语羡余否定和间接否定研究都还相对较弱。在韩国语特殊否定表达中，最早受到关注的是那些带有否定标记词但不

表示否定意义的羡余否定表达。김동식（1981）首先提出了"假否定（가부정）"这一概念，并将其分为"确定句"和"怀疑句"，详细分析了"确定句"中不表达否定意义的情况。此后，장석진（1984）和구종남（1992）也对这一现象有所涉及，他们主要讨论了长形否定"-지"在"确定句"中的形式和语法问题，但并未深入研究这一现象。장경기（1986）结合前人的研究，认为"确定句"与普通疑问句在语法使用上并无差异，指出语义-语用差异导致了"确定句"不表示否定义。

关于韩国语羡余否定的具体表达形式，장윤희（2008）从历时角度考察了韩国语"Neg+하기 전（之前）"的羡余用法。然而，对于韩国语羡余否定的其他表现形式的研究却很少，需要进一步挖掘和整理。Yoon（2008）、박진호（2011）、윤재학（2011）从对比及类型学视角分析了韩国语羡余否定。其中，Yoon发现了近代日语、韩国语互译文中表"before"义的文章里使用了羡余否定。박진호从类型学视角将羡余否定划分为七大类，但并未结合韩国语具体分析。윤재학在文章里主要使用

英语和韩国语，分析了语言的羡余现象及羡余否定。김
송희（2014）和金龙军（2015）结合韩国语，对羡余否
定做了较为系统的研究。其中，金龙军根据类型学分类，
把韩国语羡余否定划分为四大类，详细说明了韩国语羡
余否定的结构、制约条件以及使用机制。

韩国语间接否定研究也处于起步阶段，因此专门探
讨韩国语间接否定的文章并不多。이한민（2010）通过
语料对比分析了疑问句表否定的用法，但重点放在话语
功能上，并未对这一结构进行深入研究。이정애（2012）
从韩国语特有的"间接性"表达方式入手，结合自然语
义元语言理论，对韩国语的间接表达形式进行了分析，
其中也提到了一些间接否定用法，并尝试从语用学角度
解释了这一现象。이창덕（2014）在研究否定表达形式
和语用体系时，涉及了根据说话者的选择性而采用的间
接否定。他以韩国语中的相关例句为基础，说明了非规
约性间接否定的使用及生成机制。김송희（2014）结合
前人研究成果，将韩国语间接否定分为"时间经过类"
和"事由类"，并分析了这两类否定的结构特点、制约条

件和语义功能。金龙军（2015）对韩国语间接否定做了较为系统的研究，从结构、语义、语用、认知等不同视角详细分析了韩国语间接否定的形式、生成和使用机制。

总的来说，韩国语羡余否定研究还处于起步阶段，逐渐受到学者们的关注。随着类型学、认知语言学的发展，近几年也有一些学者尝试运用语用学和认知语言学中的相关理论来解释这一现象。然而，对于羡余否定的结构类型仍需进一步归纳整理，羡余否定的分类、使用机制、产生动因和功能也需要更加系统化的研究。此外，我们也可以看出有关韩国语间接否定的研究成果还很少。接下来的工作中，我们需要继续对间接否定进行归纳整理，为其建立体系，并结合语用学和认知语言学的相关理论，从交际的角度深入探讨间接否定的使用机制和生成动因。

第三章

◆ ⋯⋯⋯⋯⋯⋯⋯⋯⋯⋯ ◆

汉韩羡余否定对比分析

3.1 羡余否定的界定

羡余否定英文为 redundant negation，作为语言学中的一个独特现象，它指的是在语言的表层结构中虽然出现了否定标记词，但这些标记词并未实际承载否定意义的功能。具体而言，它们所否定的并非语句的真值条件，而是指向了语句的非核心、非真值性的成分。因此，在语义真值层面，否定形式与对应的肯定形式呈现出高度的相似性，两者在逻辑上几乎等价。然而，这种否定标记词的存在并非毫无意义，它们更多的是作为一种主观情态的载体，向听话者传达了说话者特定的情感、态度或认知倾向。

羡余否定之所以被视为一种特殊的语言现象，关键在于它展现了肯定与否定之间的不对称性。从语义表达的经济性原则出发，羡余否定似乎违背了语言表达的经济原则，因为它增加了额外的语言符号却未带来新的信息增量。同时，从合作原则的量准则来看，这种表达方式也显得冗余，因为它并未提供超出必要的信息。然而，正是这些看似多余的否定标记词，赋予了语句丰富的情感色彩和主观性，使得语言表达更加细腻、生动。进一步分析，羡余否定中的"羡余"二字，仅从语言表层结构来看似乎确实多余，但若深入挖掘其深层意义，则会发现这些否定标记词在传递说话者的主观情态、态度和认知方面发挥着其他词不可替代的作用。它们不仅是语言符号的简单堆砌，更是说话者元语用意识的体现，反映了说话者对于言语交际的巧妙安排。因此，从语用和认知的角度来看，否定标记词在羡余否定中成为不可或缺的一部分。

3.2 汉韩羡余否定的表达形式

汉语与韩国语在羡余否定上呈现出显著的多样性及广泛的分布特性。为了深入剖析这一语言现象，我们在表 3-1 与表 3-2 中分别列示出了汉语和韩国语羡余否定的类型表现形式。

表 3-1 汉语羡余否定的类型

序号	类型	例句
1-1	不一会儿 没……之前 / 以前 没几天（月、日）	→随身携带的一杯壶水不一会儿就喝光了。 →在没毕业之前我不会结婚。 →刚买的"荷兰鼠"，结果到家没几天就死了。
1-2	差点儿 / 险些 / 几乎 + 没	→他跑来告诉主人，差点儿没把高翔的父亲气挺在炕上。 →今天去拉油，在油库吸烟，险些没有造成大的事故。
1-3	怪 / 后悔 / 责怪 / 责备 / 埋怨 +…… + 不该	→别的人会怪你不该做这种糊涂事。 →人们已聚集到车旁，责怪我不该离开他们。

续表

序号	类型	例句
1-4	怀疑……不 难免 / 保不住 + Neg[1]	→你这就不正常了，很容易让人怀疑你生理上不健全。 →太太倪桂珍毕竟是在中国这块封建土地上生长的女性，封建的"忠孝礼义，三纲五常"难免不影响她，她本身的经验就可以证明。 →就是一次打胜，也保不住将来不失败。
1-5	拒不	→对教育督导室提出的督导意见，拒不采取改进措施的……
1-6	除非……不	→除非你答应我的条件，否则我不告诉你。
1-7	当心 / 小心 / 留神 / 注意 +Neg	→我每天坐这辆车都听到你热心宣传，小心别把嗓子累坏了。 →大家最后检查一下绳子，注意别缠绕。
1-8	不由得不	→看见这些晚辈行事，有时却不由得不叫人寒心呢。
1-9	忍住 +Neg	→我努力掩饰自己的感觉，但是没办法忍住不笑。

1　本书使用的"Neg"表示用于羡余否定的否定标记。

续表

序号	类型	例句
1-10	别不是	→看来这个人是上赶着找你了？这么积极，别不是这里有什么交易吧？
1-11	好不	→这寺中每日人山人海，好不热闹，布施的财物不计其数。
1-12	果不然 / 果不其然	→果不其然，姜还是老的辣啊！

表 3-2　韩国语羡余否定的类型

序号	类型	例句
2-1	Neg	→바다에 못 가본 지 일 년이 됐구나.
2-2	…않을까…두렵다 / 걱정하다 / 의심하다	→남편이 바람을 피우지 않을까 걱정하고 있다. →궁색한 모습이 도리어 화를 더하게 하지 않을까 염려되옵니다. →조울증이 아닐까 의심됩니다.

续表

序号	类型	例句
2-3	... 않 을 까 ... 생 각 되 다 / 예상되다 / 기대되 다 / 싶다 / 추측하다	→얼마든지 마음을 추스릴 수 있었지 않았을까 싶다. →따뜻한 밥 한 공기가 우리들 에겐 보약이 아닐까 생각됩 니다. →이 정책은 향후 기업 유치에 부정적인 영향을 미치지 않 을까 예상됩니다.
2-4	– 잖 + 疑问终结语尾	→나 어제 제주도에 갔다 왔 잖아.
2-5	– 찮 –[1]	→그는 이번 사건에 우연찮게 연루되었다.

---

1 손세모돌 (1999: 214) 从形态上将所有类型的 "– 잖 –" 看作 "– 지 않 –" 的缩略形式，并将其划分为语音缩略、词汇化 产物、先行于疑问终结语尾的成分等三种类型。根据손세모 돌的分类标准，（2–4）和（2–5）同属于 "– 지 않 –" 的缩 略形式。其中，（2–4）是先行于终结语尾的成分，（2–5）是 单纯的语音缩略。（2–5）是 "– 하지 않 –" 的缩略形式，是 通过 "우연하지 않게→우연치 않게→우연찮게" 过程形成 的。虽然两类缩略形式的形态特征相同，但实现羡余否定 的过程及语义功能上存在差异。为了从形态上便于区分两 者，本书用（1–4）的 "– 잖 + 疑问终结语尾" 和（1–5）的 "– 찮 –" 分别进行了标注。

3.2.1　汉语羡余否定的表达形式

（1–1）是与时间相关的羡余否定。汉语的羡余否定表达在形式上可以划分为两大类别：其一，是那些用于描绘短暂时间段的表述，如"不一会儿""没几天（月、日）"；其二，则是那些用于界定某一事件或情况发生之前的时间范围的表述，如"没……之前"等。值得注意的是，"一会儿""几天"等这类词汇，在通常情况下并不直接承载羡余否定的意义。它们只有在被说话者主观上赋予了强调时间短暂的情感色彩，并与"不""没"等否定词巧妙结合后，方能发挥出羡余否定的作用。换言之，若这些词汇未能在语境中被赋予如此特定的情感与功能，那么它们便无法被视为羡余否定的表现形式。

以具体例句为例，如例1、例2所示，在并未强调时间短暂性的情境中，这些表达并不能直接附加否定标记来构成羡余否定。然而，在例3中，当说话者意图凸显时间的紧迫与短暂时，通过添加否定标记，原本普通的表述便成了充满情感色彩与强调意味的羡余否定表达。

1. 我睡不着，陪我睡一会儿吧。（客观时间）

2. 他已经几天没回家了。（主观上强调时间很长）

3. 谁也不敢马马虎虎，这样事情就进行得很顺利，没几天他们就把什么都准备好了。（丁玲《太阳照在桑干河上》）（主观上强调时间短）

"在……之前"这一表达方式，常用于精确阐述某一事件或状况尚未到来之前的时间跨度。如同示例 4 与例 5 所呈现的那样，当所涉及的时间间隔显得尤为短暂时，或是在被频度副词修饰的语境中，其使用便会受到一定的限制与约束。

4. 你知道我后来用了什么对策？我先发疯，在她真的快疯之前我先装疯，我每天在家里大喊大叫，又哭又闹的，我还穿了她的裙子跑到街上去拦汽车……（苏童《离婚指南》）

5. 当他每进一个村子之前，就要能嗅出村子的情况。（丁玲《太阳照在桑干河上》）

通过这样的润色，我们不仅保留了原文的意图与核心观点，即探讨"没……之前"这一结构的适用场景及其局限性，还通过引入诸如"精确阐述""时间跨度"以及"频度副词修饰"等词汇和短语，使得表达更为丰富、细腻，同时也增强了句子的逻辑性和可读性。

（1-2）的表达方式主要适用于描述某种潜在的负面事件险些发生的场景，但最终却幸运地得以避免。当我们将此结构转换为肯定形式，即"差点儿/险些/几乎＋VP"时，它实际上传达了"没有VP"的意味，从而使得原有的否定词显得多余，成为语言表达中的羡余部分。（1-2）的运用，深层次地反映了说话者对于未发生某事的庆幸之情。正因此，在选择动词时会受到限制。

例6的肯定式与否定式意义相同，"差点儿没迟到"与"差点儿迟到"在意义上不谋而合，均指向了"最终并未迟到"的结局；"险些没撞着"与"险些撞着"同样表达了"成功避开碰撞"的庆幸；"几乎没骨折"与"几乎骨折"亦是如此，传递出对未受重伤的深深庆幸。然而，对比例 7 中的各组表达，我们则能清晰感受到肯定与否定之间的截然对立："差点儿没成功"与"差点儿成功"的意义截然相反，前者暗示着成功，而后者则指向了成功几乎触手可及却最终失之交臂；"险些没赢"与"险些赢了"亦是如此，前者是胜利之意，后者则是失败；"几乎没赶上飞机"与"几乎赶上飞机"更是生动地描绘了错失航班与险些赶上。石毓智（1993）从动词的语义特征出发，将其划分为"积极成分"与"消极成分"。在他看来，唯有当说话者内心并不期望某一事件发生时，（1–2）这一结构方能得以适用，且其中的动词需映射出说话者的这一情感态度。

6. 差点儿没迟到 = 差点儿迟到

　　险些没撞着 = 险些撞着

　　几乎没骨折 = 几乎骨折

7. 差点儿没成功 ≠ 差点儿成功

　　险些没赢 ≠ 险些赢了

　　几乎没赶上飞机 ≠ 几乎赶上飞机

（1-3）的表述主要传达了说话者对于已发生事件所持有的不满或责备等情绪色彩，这些情绪色彩鲜明地体现了说话者的主观感受与态度。（1-4）的用法则侧重于展现说话者的猜测与疑惑等心理活动，这些心理活动同样是说话者主观感受的体现。由此可见，上述两类用法均紧密围绕着说话者的主观心理活动展开。

值得注意的是，"怀疑……不"这一结构，其运用场合仅限于表达疑心，即当说话者对于某事持有不完全信任的态度时，方可视为羡余否定的一种表现形式。[1] 在（1-4）的范畴内，"难免"一词常被用于描述那些"不容易避免"的情况。通常情况下，人们希望避免的事物往

---

[1] 汉语的"怀疑"有"猜测"和"不很相信"两种解释。例 A 既可以表示猜测，也可以表示不是很相信。例 B 根据前面分句的语义制约，只能表达不是很相信。

（猜测）不是他干的

A. 我怀疑这件事不是他干的。

（不是很相信）是他干的

B. 作家的组织固然可以排遣他们的孤独，但是我怀疑他们能够促进作家的创作。

往与不愉快或不良的结果相关联。因此，与"难免"相结合的"VP"（动词短语）大多也包含了负面的结果或人们不愿意见到其发生的事件。此外，"保不住"这一词汇则主要用于对尚未发生的事件进行推测或预测。与"难免"不同的是，"保不住"的适用范围并不受事件结果好坏的限制。无论是好事还是坏事，只要存在发生的可能性，都可以用"保不住"来进行推测或表达。这种灵活多变的用法使得"保不住"在口语表达中显得尤为生动和实用。

（1-5）在表达拒绝这一意义时，除了直接的肯定式"拒绝"外，采用否定式的方式其实是对拒绝的一种强调，这种手法在语言学上被归类为羡余否定。这种否定式不仅传达了与肯定式相同的拒绝意图，还通过否定形式增强了表达的力度和坚决性。

（1-6）值得注意的是，当我们提及对应的肯定式时，它并非简单地去掉否定标记"不"后的"除非"，而是更为确切的"除非……才"。在具体运用这一表达时，我们需要留意两种情况的制约。首先，当"除非……不"的肯定式"除非……才"与否定内容相结合时，整个句子的含义和语境会发生变化。其次，当否定标记"不"受到如"当然""决""否则"等副词的修饰时，其强调作用会进一步凸显，使得拒绝或否定的态度更加鲜明和坚定。

（1-7）句式主要用于向他人发出警告或提醒，旨在防止某个不利事件或情况的发生。（1-8）句式描绘了说话者无意识的、自发性的行为或心理转变，强调了这些变化并非刻意为之，而是自然而然地发生了。当（1-9）与表达心理状态的词汇或短语相结合时，否定形式与肯定形式在意义上能殊途同归，传达出相同的心境或感受。

（1-10）及（1-12）则是在固定表达"别是"与"果然"中间插入"不"字，衍生出"别不是"与"果不然"的新组合。其中，"别不是"常用于表达一种基于不完全信息的推测或猜想，常与"吧"字搭配使用，以增添一丝不确定性或期待感；而"果不然"则与其肯定形式一脉相承，表达事实与预期或所料之事的吻合。

（1-11）是汉语羡余否定中较容易产生歧义的结构。一般情况下"好不VP"的结构可以分解为"好 + 不

VP"，是强调"不 VP"的表达形式。相反，该结构划分
为"好不 +VP"时，"好不"并不表示否定义，而是起到
强调程度的作用。另外，"好不"表达羡余否定时，主要
与心理动词和情态动词结合使用，与"好不"结合的单
音节形容词或动词会受到制约。

> 8. 好干净≠好不干净
> 　好美≠好不美

在例 8 中，"干净"一词在肯定式与否定式中承载的
含义截然相反。同样地，单音节形容词"美"的肯定式
与否定式所传达的意义也不相同。在深入探讨"好不"
这一结构时，我们必须认识到其结构划分方式的差异经
常是歧义产生的根源。具体而言，以"好不热闹"为例，
该表达在汉语中已经历了语法化的演变过程，逐渐固定
为"好热闹"的特殊羡余否定形式，其主要作用在于加
重语气，而非传达实际的否定意义。然而，在处理其他
采用"好 + 不 VP"或"好不 +VP"结构时，我们应持谨

慎态度，因为这些结构的具体含义往往取决于具体的语境和划分方式。在某些情况下，它们可能被解读为纯粹的否定意义；而在其他情况下则可能如上文所述，表现为羡余否定。

9. A. 我好不开心，因为这次考试没有考好。

　　B. 没有雾霾的天气，呼吸着新鲜空气，让人觉得好不开心。

　　在例9中，A、B两句均运用了"好不开心"这一表达。然而通过深入剖析语境，我们可以发现两者所传达的情感截然相反。A句中的"好不开心"实际上是表达了"不开心"之情，这种用法在口语中尤为常见，旨在通过"好"字的加入，加重语气，使原本的不悦情绪更加鲜明。相比之下，B句中的"好不开心"则展现了截然相反的情感色彩。在这里它并非表示负面情绪，而是随着语境的转变被赋予了"非常开心"的意思。这种用法体现了同样的词汇组合，在不同的语境下能够传递出

截然相反的情感。总的来说，例9中的A、B两句，虽然
都运用了"好不开心"这一相同的表达方式，但通过语
境分析和内容解读，我们可以清晰地感受到两者在情感
表达上的显著差异。A句表达的是"不开心"，而B句则
传达了"开心"的情感。

3.2.2 韩国语羡余否定的表达形式

韩国语的羡余否定可以细分为五大类型，如表3–2
所示。其中，（2–1）特指时间经过句，这类句子表达从
某一事件发生至说话者表述之间的时间跨度，营造出一
种流逝与变迁的语境。（2–1）中的否定标记"... 은 지"
结构结合后形成从属句式"Neg... 은 지"。这种句式所承
载的动词展现出了以下几类特点：

10. 고기를 안 먹어 본 지 1 년이 되었다 .

11. *서울에 안 도착한 지 하루가 지났다 .

在例10中，动词"먹다"与否定标记相结合，而在

例 11 中动词"도착하다"采取了同样的形式。值得注意的是，例 10 的肯定式与否定式在意义上保持了一致。反观例 11，其否定式则显得不合逻辑，难以成立。进一步分析，那些能够与时间经过句中的羡余否定表达相结合的动词，往往蕴含了"非终结性"的语义特征。这意味着在韩国语中只有那些描述动作进行或瞬间状态的动词谓语句，才能被用于（2-1）形式的羡余否定结构中。具体而言，这些动词所表达的事件不应存在明确的终点或最终结果，而是允许在一定条件下反复发生或持续存在。以"도착하다"和"죽다"为例，两者均属于具有明确终结性的动词。一旦"到达"某地，便无法在同一空间位置上再次经历"到达"的过程；同样，生命一旦"死亡"，也无法再次经历同样的死亡过程。因此，这类动词因其终结性而无法用于羡余否定的表达。[1]

（2-2）和（2-3）这两种句式，均关联着说话者内心世界的波动，属于典型的羡余否定范畴。它们在构造

---

[1] 有关韩国语羡余否定中时间经过句的句法制约，可以参考金龙军（2015）或김송희（2013）。

上都在从属句中采用了"... 않을까"的表达方式，从结构层面而言，两者并无显著差异。然而，正是句末谓语成分的差别，勾勒出说话者主观判断的独特风貌，使得这两种句式在表达上各具千秋。接下来，让我们聚焦于（2-2）类型的羡余否定。此类句式不仅保留了羡余否定固有的含蓄与委婉，更在句末融入说话者的个性化判断，使得整个句子在传达信息的同时，也透露出说话者的情感倾向与心理动态。通过仔细观察（2-2）的羡余否定，我们能够更加深入地理解说话者的内心世界，感受其思想深度。

12. 강아지를 집에 혼자 두면 외롭지 않을까 걱정이에요.

13. 누군가 차고에서 새로운 무언가를 만들고 있지 않을까 가장 두렵다.

14. 배가 너무 아파서 그래요. 대장암이 아닐까 의심이 가요.

15. *이번 학기에도 1등을 하지 않을까 걱정이에요.

我们把例12、例13、例14中的从属句"... 않을까"转换为肯定形式后，其所蕴含的意义依旧保持原样，这揭示了韩国语中一个重要的语法现象。在这些例子中，动词"걱정하다""두렵다"以及"의심하다"作为谓语出现时，被归类为逆接谓语，它们的作用在于表达一种对于从属句所述内容的反期望或排斥，这些从属句往往蕴含着消极的情绪或预期。然而在例15中，从属句"1등을 하다"显然携带了积极正面的含义，这与逆接谓语所期望的语境相悖，因此当它们结合时，便构成了一个在语义上显得不合逻辑的句子。值得注意的是，韩国语中还存在一种特殊用法，即将"... 않을까"与非逆接谓语结合，形成所谓的羡余否定，如（2-3）所示。这种用法虽形式相近，但实质有别。原因在于某些动词的肯定形式与否定形式在语义上并不完全等价，这就要求我们在理解和运用时进行细致的区分。为了进一步阐明这一点，我们将目光转向接下来的例句。

16. 떡볶이는 딸한테 맵지 않을까 싶다.

16ʾ. 떡볶이는 딸한테 매울까 싶다.

在上述论述中，我们探讨了羡余否定现象，其中（2-2）的句式结构展现了肯定式与否定式在表达上的一致性，即二者传达了相同的含义。而反观（2-3）的情况，其肯定式与否定式则展现出截然不同的语义内涵。具体到例 16 和例 16ʾ，例 16 作为否定式，其明确传达了"辣炒年糕对女儿来说可能会辣"的意涵，这是一种直接且明确的判断。然而，当我们将目光转向例 16ʾ 时，其含义便不再如此单一明确，而是依据不同的语境，可能呈现出两种截然不同的解释：一者承袭了否定式的意味，即"辣炒年糕对女儿来说可能会辣"；另一者则完全相反，表达为"辣炒年糕对女儿来说可能不辣"。所以，判断此类语义时一定要依赖语境，否则很容易会产生完全不同的解释。

（2-4）与（2-5）均属于"－지 않－"的缩略形式，它们在具体运用中展现出多样化的结合方式。一方

面，它们能够融入终结语尾之中，如（2-4）所示；另一方面，它们也能与丰富的词汇或小句结合，如（2-5）所示。韩国语中的"－잖－"一词，其语义功能已经历了语法化过程，不再局限于单纯的否定意义。通过其变体形式"－잖아"承担起"确认"的功能，话语便在传递信息的同时，也隐含了对话者之间的共鸣与确认。此外，如（2-5）所示，"우연찮게""솔솔치 않게""비범치 않게"等表达形式，虽看似否定，实则通过语境转换传达出相应的肯定意味"우연하게""솔솔하게""비범하게"。[1] 在（2-4）的例句中，"－잖아"的运用并非对命

---

1 （2-4）中与"－잖－"结合的终结语尾是疑问终结语尾，但并不表示疑问。主要依据是表达间接引用时，句末的疑问终结语尾会替换成陈述终结语尾。表达间接引用的"－잖－"只能与陈述终结语尾结合使用，这说明表示"确认"意义的"－잖－"不能成为疑问句，也不行使否定功能。（손세모돌 1999：221）另外，"－잖－"只作为"－지 않－"的语音缩略形式，语义上应该不存在差异。但在实际使用当中我们看到只有"그렇잖아도""없잖다"等少数形式表示否定义以外，其他形式基本不表达否定义。尤其在书面语中用"－잖－"表达否定义的情况更是少之又少，即使在口语中，表达否定义时也更倾向于使用"－지 않－"，而不是缩略形式的"－잖－"。（손세모돌 1999：218）

题内容的否定，而是说话人对话语命题本身的一种断言，它超越了单纯的否定范畴，成为话语功能中不可或缺的一部分。而（2-5）则是一种错误用法固化现象的体现。尽管"우연찮게"在字面上看似应解读为"우연하지 않게"，但在实际语境中人们却习惯性地将其理解为"우연하다"之义，这种差异反映了语言习惯与字面意义之间的张力。除了上述语义上的差异外，（2-4）与（2-5）在缩略形式的还原上也存在着显著的不同。这种不同不仅为我们提供了将它们划分为不同类型的重要依据，也揭示了韩国语在语法结构上的复杂性与多样性。

3.3 汉韩羡余否定的分布特点

通过上述分析我们可以总结出汉韩羡余否定在展现手法上存在显著的差异，汉语在这一领域的运用范围与类型显得更为广泛和多样化。

　　首先，汉语和韩国语的羡余否定结构有着本质的不同。如表 3-3 中汉语的羡余否定可以细分为 [X+NegVP] 与 [NegX+VP] 两大类别。在 [X+NegVP] 类别中，我们可以见到诸如"没……之前 / 以前""差点儿 / 险些 / 几乎 + 没"等共计十种具体表现形式，这些表达在语义上形成了丰富的层次与变化。而 [NegX+VP] 类别则涵盖了"不一会儿""别不是"等六种形式，其中否定标记与成分"X"之间的语义关联性尤为显著，与之结合的"VP"成分则受到了一定程度的句法与语义限制。值得注意的是，[NegX+VP] 类别在形式上相较于韩国语更显丰富，且基于否定标记位置的不同，可以进一步细化其分类。此外，这一类别中的羡余否定功能主要通过"X"成分来实现，因此在"X"成分的结合上受到了较为严格的制约，而"VP"成分则相对自由。

表3-3　汉韩羡余否定的分布特点

汉语		韩国语	
[X+NegVP] 类	◎没……之前 / 以前 ◎差点儿 / 险些 / 几乎 + 没 ◎怪 / 后悔 / 责怪 / 埋怨 + ……不该 ◎怀疑……不 ◎难免 / 保不住 +Neg ◎拒不 ◎除非……不 ◎当心 / 小心 / 留神 / 注意 + Neg ◎不由得不 ◎忍住 +Neg	[Neg（VP）+VP] 类	◎ Neg+... 은 지 ... 되다 ◎ ... 않을까 두렵다 / 걱 정하다 / 의심하다 ◎ ... 않을까 생각되다 / 예상 되다 / 기대 되 다 / 싶다 / 추측하다 ◎ – 잖 + 의문형 종결 어미
[NegX+VP] 类	◎不一会儿 ◎没几天（月、日） ◎别不是 ◎搞不好 ◎好不 ◎果不然	[XNeg（+VP）] 类	◎ – 찮 –

　　反观韩国语，其羡余否定类型主要包括 [Neg（VP）+VP] 与 [XNeg（+VP）] 两大类。在 [Neg（VP）+VP] 类别中，共有四种表现形式，其中部分是从属句中通过否

定标记的运用而形成的羡余否定，如"Neg+... 은 지 ... 되다""... 않을까 두렵다 / 걱정하다 / 의심하다""... 않을까 생각되다 / 예상되다 / 기대되다 / 싶다 / 추측하다"，它们各自根据"VP"的语义差异而受到不同程度的制约。而"- 잖 + 의문형 종결어미"则以"- 잖"与终结语尾"- 아"结合后形成的谓语"- 잖아"为具体形式，无论是在从属句成分还是单句的谓语成分中，都与"VP"紧密结合，体现了否定标记与谓语之间的紧密联系。至于 [XNeg（+VP）] 类别，则具体表现为"- 찮 -"，该形式与形容词结合后成为句子的状语成分，从而在结构上与"VP"成分不产生直接的联系。

3.4 汉韩羡余否定的语义特征

在探讨汉韩羡余否定现象时，我们剖析了上一章节中提到的表 3-1 与表 3-2 所列示的类型，揭示了这两种语言中羡余否定句法结构的特征及其在实际使用中的特点。经过分析，我们得出了如下结论：汉韩羡余否定在语义对应关系上展现出了显著的差异性。这一发现不仅揭示了汉韩羡余否定在表达方式上的本质不同，还反映了两者在使用意义层面的巨大鸿沟。为了进一步阐释这一现象，接下来我们将依据汉韩羡余否定的语义特征，展开对其语义与语用特点的深入剖析。在这一过程中，我们将再次援引表 3-1 中的（1-2）部分以及表 3-2 中的（2-1）部分所列举的例句，以便更加直观、具体地展示这些差异，并为我们的分析提供坚实的例证基础。

17. 바다에 못 가본 지 일 년이 됐구나.

18. A. 随身携带的一杯壶水不一会儿就喝光了。

　　B. 在没毕业之前我不会结婚。

　　C. 刚买的"荷兰鼠"，结果到家没几天就死了。

　　例 17 与例 18 皆聚焦于时间维度的羡余否定现象。例 17 表达了某一事件发生后到至说话人发声那一刻的时间跨度；而例 18 中的 A 与 C 则表达了事件或情境转瞬即

逝的短暂瞬间，至于例 18 中的 B 则转向了某一事件或情境酝酿成形之前的悠长时段。这一系列例证揭示了在时间的表述上，汉语与韩国语中的羡余否定并未形成直接的语义对等，二者在时间表达的维度上展现出了显著的差异性。[1] 进一步探讨汉韩时间相关羡余否定的语境应用，不难发现两者在说话时间与事件发生时间之间的逻辑关系上也存在着鲜明的差异。韩国语中由于"ー지ー"与"ー되다"等表过去的依存名词的约束作用，使得事件的发生时间必须严格先于说话时间，即言语的疆域被限定在了过往事件的框架之内。反观汉语，其形态上的束缚相对宽松，正如例 18 所展现的，汉语在说话时间与事件发生时间之间并未设置严格的界限，允许言语自由地跨越至未来，囊括那些尚未发生的可能，如例 19 所示。

---

1 박진호（2011）提到近代韩国语中存在与例 25 中同形同义的表达形式。他在分析 before/until 类羡余否定时指出，此类韩国语羡余否定常见于汉文古典（朝鲜半岛曾经用汉字书写本国语言，这种文献称为汉文文献）的近代朝鲜语翻译本或 17~20 世纪初的日韩对译文献当中。此类表达与现代汉语"没……之前 / 以前"相对应，但现代韩国语中已找不到这种用法。

> 19. A. 随身携带的一杯壶水不一会儿就会喝光。
>
> B. 他没毕业之前结婚了。
>
> C. 天天这么折腾刚买的"荷兰鼠"，没几天就会死的。

　　韩国语（2-2）中的"... 않을까 두렵다 / 걱정하다 / 의심하다"以及（2-3）的"... 않을까 생각되다 / 예상되다 / 기대되다 / 싶다 / 추측하다"皆融入了表达推测含义的从属句"... 않을까"。在（2-2）中，句末的 VP 成分传达了说话者的忧虑之情，而在（2-3）中，同样的成分则承载着说话者的推测之意。反观汉语，我们亦能找到诸如"难免 / 保不住 +Neg"以及"怀疑……不"等蕴含推测意味的羡余否定用法。然而，值得注意的是，这两种语言中的羡余否定现象在对方语言中并不总是以羡余否定的形式直接对应出现。这意味着在跨语言交流中，我们需要更加细腻地理解语境，方能准确把握言者之意。

> 20. 谁都难免不犯错误。→누구나 실수를 범할 수밖에 없다.

谁都难免犯错误。→누구나 실수를 범하기 마련
이다.

21. 임신 거부증이 아닐까 생각한다. → 我怀疑是不
是怀孕违拗症。

임신 거부증일까 생각한다. →我怀疑是怀孕违
拗症。

例 20 中我们探讨了汉语中的羡余否定结构 "难免
不" 及其相应的肯定形式在韩国语中的对应表达。而例
21 则反转了这一视角，分析了韩国语中的 "...않을까 생
각하다" 及其肯定形式在汉语中的对等翻译。通过比对
译文，我们不难发现，一种语言中的羡余否定结构及其
正面表述，在另一种语言中并不总是以羡余否定的形式
呈现。然而值得注意的是，在例 20 的翻译中，我们运用
了韩国语的 "...수밖에 없다" 来传达原文的羡余否定意
味；而在例 21 中，则通过 "是不是" 这一构造，在汉语
中再现了原句的微妙语气。

这一系列实践表明，尽管直接对应可能并非总是可

行，但通过灵活运用各种语言形式与手段，我们依然能够精准地捕捉并再现原文中羡余否定及其肯定式的独特表达。这一方法论不仅适用于上述两个具体案例，更可拓展至例22等其他类型的羡余否定当中，为我们提供更为丰富多元的语言表达途径。

> 22. 别不是心脏出了毛病吧。→심장에 문제가 생긴 건 아니겠지.
>
> 别是心脏出了毛病吧。→심장에 문제가 생긴 거겠지.

在深化语境的构建下，例22的韩国语译文融合了肯定式与否定式，以达成一种独特的羡余否定对应。具体而言，否定式选用了"… 건 아니겠지"，而肯定式选用了"… 거겠지"。然而，我们需谨慎辨析，不可轻易将"… 건 아니겠지"视为"… 거겠지"的直接羡余否定映射。实际上，"… 건 아니겠지"这一表达并非专为羡余否定而生，它更多地承载着多元化的语义内涵。在多数

语境中，"… 건 아니겠지"展现的是与羡余否定截然不同的意义。仅当语境特定时，它才承担起羡余否定的角色。因此，在解析此类语言现象时，我们需秉持细致入微的态度，既要捕捉到字句间的微妙差异，又要深刻理解其背后的语境逻辑，方能准确把握其真正含义。

韩国语羡余否定（2-4）、（2-5）和汉语羡余否定（1-11）是语义上造成逻辑矛盾的表达形式，也就是说此类否定本身表达的是否定义，和与之对应的肯定式意义相反，但依然表达肯定式意义，从而形成羡余否定。下面再次引用表 3-2、表 3-3 的例句进行分析。

22. A. 나 어제 제주도에 갔다 왔잖아.

　　B. 그는 이번 사건에 우연찮게 연루되었다.

22ˋ. A. 나 어제 제주도에 갔다 왔지 않아.

　　B. 그는 이번 사건에 우연하지 않게 연루되었다.

23. 这寺中每日人山人海，好不热闹，布施的财物不计其数。

例 22 展示了羡余否定的一种有趣现象：A 句"갔다 왔잖아"虽以否定形式呈现，实则传递出"去了济州岛"的肯定信息；而 B 句"우연찮게"则表达了"意外地被牵连"的语义。例 22ˋ 是"－잖＋疑问终结语尾"的原型，A 句的"갔다 왔지 않아"表达的是"가지 않았다"，B 句的"우연하지 않게"表达的是"어떤 일이 뜻하지 아니하게 저절로 이루어지지 않다"的必然意义。进一步剖析，例 22 与例 22ˋ 构成了鲜明对比，前者通过"－잖＋疑问终结语尾"的原型结构，将否定形式转化为一种隐性的肯定表达，两者意义截然相反。值得注意的是，即便（2-4）和（2-5）的例句在字面上看似否定，韩国语使用者却习惯性地从中捕捉到肯定的信息，这正是羡余否定独特魅力的体现。前文已提及，"－잖＋疑问终结语尾"无须还原为否定疑问句，便能直接承载肯定意义，这体现了其在语法化过程中的独特地位。因此，我们不宜将"－잖－"简单地视为"－지 않－"的缩略形式，而应将其视为一种经过语法化后形成的全新形态要素。（2-5）则揭示了"－지 않－"在语音层面的缩略现

象，这种用法经过长时间的误用与固化，已成为韩国语中的一个独特表达。

与此相类似，汉语中的"好不"也展现出了羡余否定的特性，如例23。尽管"不"在结构上可与"好""很"等程度副词结合，形成"好不""很不"等看似否定实则肯定的表达，但"好不"的适用范围相对有限，仅在与特定词汇结合时才展现出羡余否定的效果。在其他语境中，"好不"的解释则可能因分析角度的不同而有所不同。尤为值得注意的是，汉语中的"好不"正处于语法化的动态进程中，其用法与解释尚存争议。作者在随机采访中发现，人们对于"好不热闹"的理解也存在分歧：有人倾向于解读为"热闹"，而有人则坚持其否定含义"不热闹"。

此外，汉语与韩国语中的某些羡余否定表达，与其对应的肯定式在语义层面上并非总是呈现出一一对应的关系。

24. A. 샤워를 한 지 한 시간이 되었다.

B. 샤워를 안 한 지 한 시간이 되었다.

25. A. 성분 하나하나를 검색해 보고 사야 할까 싶다.

B. 성분 하나하나를 검색해 보고 사야 하지 않을까 싶다.

26. A. 我很早就怀疑现在这个是你亲爹。

B. 我很早就怀疑现在这个不是你亲爹。

例 24、例 25 及例 26 中的肯定式，即便忽略语境的干扰，也均呈现出显著的歧义性。具体而言，例 24A 的表述既可能被解读为"沐浴持续了一小时之久"，亦有可能被理解为"沐浴结束后已过了一小时"。而相应的羡余否定形式 24B，则明确传达了"沐浴后经过了一小时"的单一含义。同样地，例 25A 的表述既可表达"认为应当购买"的立场，也可传达"认为不应购买"的相反观点。而与之对应的羡余否定形式，则仅传达了"认为应当购买"的明确态度。汉语中的类似情况亦屡见不鲜。例 26A 的表述既可能意味着"他确实是你的亲生父亲"，亦有可能是在否认这一关系，即"他并非你的亲生父亲"。相比之下，例 26B 的表述则清晰地否定了亲子关系，即"他并非你的亲生父亲"。

在汉语与韩国语中，我们均能观察到羡余否定所对应的肯定式表述存在歧义的现象。在韩国语中，这种现象体现在"Neg+... 은 지 ... 되다""... 않을까 생각되다 / 예상되다 / 기대되다 / 싶다 / 추측하다"等结构之中；相对应地在汉语里则表现为"怀疑……不"的表述方式。

为了探究肯定式表述产生歧义的根本原因，我们可以从否定成分的语义特性入手。以例 24 为例，"샤워를 하다"这一动作既可能指代洗澡的整个过程，也可能仅仅指代洗澡这一事件本身。因此，当"샤워를 하다"与"- 지"结合形成"샤워를 한 지"时，其含义便可能因解读角度的不同而有所差异。一方面，它可以表示洗澡所持续的时间，即"沐浴持续了一小时"；另一方面，它也可以表示洗澡事件结束后所经过的时间，即"沐浴后已过了一小时"。

例 25 与例 26 中的羡余否定也均体现了说话者对于

所表述内容的不确定性。在韩国语中，这种不确定性源于疑问句结构本身所具备的双重解释特性；而在汉语中，则是因为"怀疑"一词既包含了"猜测"的意味，又隐含了"不很相信"的情感色彩。这进一步印证了人们使用否定形式的动机——通过形态标记来明确话语的语义边界，从而有效避免歧义的产生。

此外，在汉语中"差点儿没"这一表达形式也属于歧义的结构。这种歧义的产生主要源自两大方面：首要原因在于"差点儿没"所结合的具体语境成分。不同的语境赋予了这一结构不同的含义，使得听话者或读者在理解时可能产生偏差，从而产生歧义。次要原因是说话人的主观态度也是造成"差点儿没"产生歧义的重要因素。当说话人使用"差点儿"这一肯定式时，其意在表达一种否定事件未能实现的庆幸或侥幸心理，透露出对该事件未发生的满意态度。而若说话人内心实则期望该事件发生，那么"差点儿"的肯定式与否定式在语义上便会呈现出截然相反的意义，此时，"差点儿没"的否定式便无法再被视为羡余否定，因为它在特定情境下承载着截然不同的情感色彩和语义内容。因此，我们在理解和运用"差点儿没"时，需要充分考虑到上述两方面的因素，以避免产生误解或歧义。同时，这也提醒我们在汉语学习中，要注重语境的把握和对说话人主观态度的分析。

27. A. 这枪差点儿打中自己。＝这枪差点儿没打中自己。
　　B. 这枪差点儿打中歹徒。≠这枪差点儿没打中歹徒。

在深入剖析例27中的A句与B句之后，我们可以观察到，随着对象性质的转换，羡余否定的具体表现也会有所变化。具体而言，在例27的A句中，"打中"这一动作针对的是"自己"。此情境下说话者往往持有避免该事件发生的意愿。因此，"差点儿打中自己"与"差点儿没打中自己"均指向了"最终并未打中自己"的主观认知。其中，肯定形式与否定形式在此语境下构成了对应关系，这时否定形式便可以理解为羡余否定。观察例27的B句，当"打中"的对象转变为"歹徒"时，情况则有所不同。"歹徒"一词，其定义明确指向了应受惩罚的"坏人、恶棍"。在广泛的社会共识中，他们是应当受到制裁的个体。在此情境下，"差点儿打中歹徒"直接表达了未能击中目标的遗憾情感；而"差点儿没打中歹徒"则蕴含了实际击中的意味，两种表述在含义上形成了鲜明的对比。进一步分析，我们可以得出如下结论：在汉语中，"差点儿没"这一结构的羡余否定特性，并非完全取决于句子的外在结构特征，而是根植于说话者的主观情感与期望之中。当说话者内心不希望某事件发生时，肯定形式与否定形式可能趋同，共同传达出相同的意义，此时否定形式便自然地成了羡余否定的一种表现形式。相反，若说话者对此类事件持欢迎或期待态度，则肯定形式与否定形式将各自独立表达不同的意义，否定形式便无法再作为羡余否定出现。

此外，汉韩羡余否定的语义特征还需进一步关注几个重要方面。在我们先前的讨论中，已经明确指出，羡余否定作为否定形式，在表达上却与其对应的肯定形式

共享相同的语义内涵，此时，否定标记被视为一种冗余
或多余的组成部分，即所谓的"羡余成分"。我们继续分
析下面的几组例句。

28. A. 随身携带的一杯壶水不一会儿就喝光了。（一会
儿就喝光了）

B. 随身携带的一杯壶水一会儿就喝光了。（一会儿
就喝光了）

29. A. 两天就可以完成任务，不由得不佩服自己。（佩
服自己）

B. 两天就可以完成任务，不由得佩服自己。（佩服
自己）

30. A. 山下传来父母的寻找声，我却故意要和他们玩
捉迷藏，好不快活。（好快活）

B. 山下传来父母的寻找声，我却故意要和他们玩
捉迷藏，好快活。（好快活）

31. A. 就是一次打胜，也保不住不引起将来的失败。
（引起将来的失败）

> B. 就是一次打胜，也保不住引起将来的失败。（引起将来的失败）
>
> 32. A. 그 곳에는 비범치 않게 생긴 두 남자가 있었다.（비범하다）
>
> B. 그 곳에는 비범하게 생긴 두 남자가 있었다.（비범하다）
>
> 33. A. 이렇게 운동하면 심장에 무리가 가지 않을까 걱정입니다.（무리가 가다）
>
> B. 이렇게 운동하면 심장에 무리가 갈까 걱정입니다.（무리가 가다）

例 28 至例 33 中的 A 句，均属于羡余否定的表达方式，其核心意图在于传达与之对应的和直接肯定式 B 句相一致的语义内容。换言之，尽管 A 句采用了否定的形式，但其真正想要表达的，是与 B 句相匹配的肯定性意义。为了更深入地理解这一点，让我们继续分析以下几组例句，它们同样展现了这一语言现象。

34. A. 今天去拉油，在油库吸烟，险些没有造成大的事故。（没有造成大的事故）

B. 今天去拉油，在油库吸烟，险些造成大的事故。（没有造成大的事故）

35. A. 人们已聚集到车旁，责怪我不该离开他们。（不该离开他们）

B. 人们已聚集到车旁，责怪我离开他们。（不该离开他们）

36. A. 你这就不正常了，很容易让人怀疑你生理上不健全。（不健全）

B. 你这就不正常了，很容易让人怀疑你生理上健全。（不健全）

37. A. 对教育督导室提出的督导意见，拒不采取改进措施的。（不采取）

B. 对教育督导室提出的督导意见，拒绝采取改进措施的。（不采取）

38. A. 除非你答应我条件，否则我不告诉你。（不告诉）

> B. 除非你答应我条件，我才告诉你。（不告诉）
> 39. A. 운동을 안 한 지 너무 오래 되었다.（운동을 안
> 하다）
> B. 운동을 한 지 너무 오래 되었다.（운동을 안 하다）

我们通过例 34 至例 39 的 A 句可以发现，它们均采用了羡余否定的表达方式，而与之对应的 B 句则直接以肯定句的形式呈现。尽管形式有别，但 A 句与 B 句在核心意义上殊途同归，共同传达了否定的信息。

进一步而言，对于例 28 至例 33 的系列例句，其否定式的运用实际上在传达肯定式的核心意义，这里的否定标记仿佛成为多余的存在，即所谓的"羡余成分"。与之截然不同的是，从例 34 至例 39，尽管其表面采用的是肯定句的形式，却传递了否定句的内涵。此时，否定标记并未显得多余，因为它与对应的肯定句在传达相同信息的过程中，展现了一种独特的语义互补关系，这种关系使得否定标记在此情境下被视为羡余否定的一种表现形式。

3.5 小结

本章从句法与语义的双重视角，对汉语和韩语中的羡余否定现象进行了对比分析。概括而言，汉语与韩国语皆蕴含丰富的羡余否定表达。然而由于各自语言特性的差异，它们在羡余否定的表达形式及语义层面展现出诸多不同。以下是对汉韩羡余否定特点的归纳整理。

第一，汉韩羡余否定在类型分布上显现出显著的不对称性。汉语中的羡余否定不仅种类繁多，且表达形式更为丰富，其应用范围亦广于韩国语。

第二，从句法特征来看，汉韩羡余否定各具特色。汉语的羡余否定可细分为 [X+NgeVP] 与 [NegX+VP] 两种模式，而韩国语则包括 [Neg（VP）+VP] 及 [XNeg（+VP）] 两种形式。尽管两者在具体表达上各有不同，但总体而言均可归入与"VP"相结合的羡余否定及与其他成分结合的羡余否定两大类别，这一点在两种语言中是一致的。

第三，汉韩羡余否定均涵盖了时间相关类及表达推测类的羡余否定。然而在具体运用中，说话人的主观焦点表达方式及句子的精确语义仍存在显著差异，使得两种语言中难以找到语义完全对应的表达形式。

第四，韩国语中的"‐잖다"与"‐찮다"类羡余否定以及汉语中的"好不"类羡余否定，均属于语义上蕴含逻辑矛盾的特殊表达形式。

第五，汉韩羡余否定并不总是与其对应的肯定式形成单一的对应关系。依据不同的句法层次划分，羡余否定所对应的肯定式往往蕴含多重解读，这种歧义性正是实现羡余否定功能的关键所在。尤为特别的是，汉语中的"差点儿"类羡余否定主要源自说话人主观态度所引发的歧义，而韩国语羡余否定则不存在此类表达方式。

最后，汉韩羡余否定不仅具备表达否定意义的功能，同时也能传达肯定意义。作为汉韩否定范畴研究的重要组成部分，我们需首先对汉韩羡余否定的语言特点进行全面、系统的归纳与总结，进而深入剖析其使用机制。本章内容聚焦于汉韩羡余否定的句法与语义特征，通过详尽的描写，揭示了两者之间的异同之处。

◆ ⋯⋯⋯⋯⋯⋯ ◆

第四章

汉韩间接否定对比分析

4.1 间接否定的界定

我们将使用具体的否定标记，直接表达出否定意义的句子称为"否定句"。在交流过程中，这类句子能直接传递出说话者的否定义。然而，在实际的交际中，并非所有的否定意图都需要通过明确的语言形式来表达。有时，否定的含义被隐藏在语句的深层结构中，这种表达不仅传递了间接的语用意图，还包含了更为复杂的交际目的。石毓智（2001）指出："就语言系统内部来说，否定的方法也是多彩多姿的，既可以利用否定标记'不'或'没'等进行否定，也可以用反问语气，特指疑问代

词，有否定意义的词语等手段达到否定的目的。"Searle
（1975）也同样关注到隐形的言语行为，他指出："间接
言语行为是通过实行一个言外行为间接地实施了另一个
言外行为。通过研究间接言语行为，人们可根据说话者
表达的字面意义来推断其话语中暗含的间接用意。"

　　基于上述学者的观点及结合前人的研究成果，本书
进一步明确了"间接否定"的定义——未直接使用否定
标记，却能传达否定意义的句子。[1]间接否定之所以特别，
正在于其未直接使用否定标记，从而导致了多样化的表
达方式的产生。为了系统地梳理汉语与韩国语中的间接
否定现象，我们需要借助一个统一且有力的理论框架。
Searle 的间接言语行为理论（indirect speech acts theory）
便为我们提供了这样一把钥匙。他提出的四大假设之一，

---

[1]　有关间接否定这一概念术语，学界存在多种用法：孔庆成称其为
　　"含蓄否定"和"隐性否定"，徐盛恒使用"含意否定"，范晓民等
　　使用"隐含否定"，曾莉使用"间接言语否定"，王志英使用"间接
　　否定"等。虽然不同学者对间接否定现象采用了不同的术语，但研
　　究对象基本相同。本书基于石毓智及 Searle 的言语行为理论，选择
　　使用"间接否定"。

便是间接言语行为可细分为规约性（conventional）与非规约性（non-conventional）两大类。规约性间接言语行为的最终意义往往能够直接从话语的字面意思中推导而出。这类表达因长期使用而逐渐固化为习惯用法，使得人们在听到这种表达时，很少会再追溯其原始的字面含义。相比之下，非规约性间接言语行为则更加依赖共有知识信息与特定的语境，其复杂性与不确定性均高于规约性间接言语行为。非规约性间接言语行为的字面意义与深层语义之间存在着显著的差异，因此，理解其真正含义往往需要付出更多的认知努力。

遵循这一理论脉络，本书将间接否定同样划分为规约性间接否定与非规约性间接否定两大类别。然而，在运用"规约性"这一概念时，我们需明确两点注意事项：首先，规约性间接否定与非规约性间接否定在形态上的界限并非一目了然，规约性的程度存在显著的差异。有些规约性间接否定几乎仅用于表达否定意义，而有些则可能在特定语境下展现出更为丰富的功能。其次，在实际使用中，间接否定并非孤立存在，一句话中可能同时包含多种间接否定的混合形式，这种复杂性要求我们在分析时需更加细致入微。

4.2 汉韩间接否定的表达形式

相对于"否定句"而言，归约性间接否定的形式约束相对较少，能够借助多种语言手段来实现否定功能。这一特性无疑给汉语、韩国语中归约性间接否定的范围界定与分类带来了一定的复杂性。本章深入探讨汉韩归约性间接否定的形式特征与句法特性，并依据其组成成分的具体差异，从三个维度，即"汉韩词汇类归约性间接否定""固定结构类归约性间接否定"以及"特殊句式类归约性间接否定"进行分析。我们在进行分析之前必须明确的是，归约性在表达程度概念时，并不能简单地通过二分法来明确划定。归约性成分在实际的语言运用中展现出较高的自由度，它们不仅能够独立存在，还能在话语中形成复杂多变的组合形式。这种灵活性不仅提升了语言的表达力，也对语言研究者提出了更高的要求。

4.2.1 汉韩规约性间接否定的表达形式

4.2.1.1 汉韩词汇类归约性间接否定

我们首先看一组汉语的"词汇类归约性间接否定"。

40. 如此寨主，岂能成功。
41. 对副统帅和中央"文革"领导小组组长的手令，造反派即使吃了豹子胆，岂敢说半个不字。（李华清《邱会作沉浮录》）

例 40 明确传达了"未能成功"的立场，例 41 则反映了"绝不敢有丝毫异议"的态度。这两个例句均通过"岂"字实现了否定的功能。值得注意的是，"岂"字在汉语中并不直接承载否定意义，但它常与否定标记结合，形成反问句式，从而在不使用否定词的情况下也能独立表达否定含义。

此外，汉语中的疑问代词，诸如"什么""谁""哪""哪里"等，以及情态动词如"能""会""敢""肯"等，同样具备间接否定的功能，它们在语句中的运用，能够传达出更为复杂和深层次的否定意义。

42. 自己有了丈夫，还要跟辛楣勾搭，什么大家闺秀！我猜是小老婆的女儿罢！（钱锺书《围城》）

43. 想砍伐一棵大树，哪能一下子骤然折断。必须用斧头先砍，逐渐砍细，然后才能折断。

44. 说到底，这悲哀也许该由我们自己负担。谁知道呢？

45. 哪一位权威敢做如此断言，现在地球可以高枕无忧，丝毫不用担心来自天宇的偷袭。

例42中"什么大家闺秀"运用了反问的修辞手法传达了"不是大家闺秀"的否定义，强化了否定的意味。例43中"哪能一下子骤然折断"所表达的是对"不可能立即折断"的否定义，通过"哪能"这一词汇，清晰地传达了无法迅速实现某事的否定态度。再看例44的"谁知道呢？"疑问句式，其实际功能并非寻求答案，而是说话者表达"此事不应由我们承担责任"立场的手段。
例 45 通过设问"哪一位权威敢做如此断言",实则是在
强调"无人敢做出此断言"的事实。此句通过设问的方
式,间接传达了对某一断言的彻底否定。

上述例句的共同特点在于,它们均运用了疑问代词
来构建语境,但值得注意的是,例 42、例 43、例 44 并
未遵循典型的疑问句结构来间接表达否定,而是借助
"什么""哪能""谁知道"等特定词汇,直接而明确地传
达了否定意义。这种表达方式,与通过疑问句形式间接
表达否定功能的句式相比,具有更为直接、明确的否定
效果,体现了词汇类归约性间接否定与特殊句式类归约
性间接否定在表达方式上的显著差异。

接下来看一组韩国语例句。

46. 부동산투자, 시작하기 어렵다구요? 전혀요!
47. 임신하면 식욕 땡기는 줄 알았는데 전혀요.
48. 맛있는 해물찜 먹고 싶은데 집 주변은 다 별로야.

49. 이 드라마는 국내에서도 시청률에 비하여 화제성
　　이 낮았으며 해외반응도 그다지였다.

在例46至例49中，我们看到了韩国语常用的否定极性副词"전혀""별로"和"그다지"。这些词汇作为否定极项的重要组成部分，不仅丰富了语言的表达层次，还揭示了说话者的心理否定状态。尽管在直接否定语境中，它们可能显得并非不可或缺，但一旦脱离否定标记，它们便成为判断否定语义的关键要素，其存在变得至关重要。具体来看，例46与例47运用了"전혀요"，前者传达了"房地产投资入门其实并不困难"的积极信息，后者则表达了"毫无食欲"的消极状态。例48中的"별로야"则揭示了"家附近并无令人垂涎的炖海鲜"，例49中的"그다지였다"表示的是"并不那么理想"。

针对这些否定极性副词，채상진（2000）提出了一种见解：这些副词本身就蕴含着否定性，与之结合的词汇也自然而然地具有否定的色彩。接下来，我们将对"전혀""별로"和"그다지"的语义特征进行更为

深入的剖析。副词"전혀"的核心语义在于"与既定事实、行为或状况形成鲜明对比",它强调的是与对方话语截然相反的内容。例如,在例46中,"어렵다"的否定形式"어렵지 않다"便是由"전혀"所推导出的相反内容;而在例47中,"땡기다"的否定"땡기지 않다"也同样源自"전혀"的否定力量。"별로"则更多地体现了程度上的否定,它表示的是"未能达到客观标准或说话者的心理预期"。在例48中,"맛"的不及标准,即"맛있지 않다"正是"별로"所传达的否定意味。而"그다지"在功能上与"별로"颇为相似,两者都用于表达某种不足或不及标准的情况。

综上所述,韩国语中的否定极性副词均具备 [+ 否定性] 的显著语义特征,它们能够在不依赖否定标记的情况下,通过间接的方式表达否定意义,实现间接否定的效果。此外,"전혀""별로"等副词还能够根据语境的不同,展现出不同程度的否定态度,从而进一步强化说话者的否定立场和否定程度。值得注意的是,除了上述否定极性副词外,韩国语中还存在一些其他类型的词汇,

如表示不确定义的叹词"글쎄"，询问原因和理由的副词
"왜"，以及委婉表达态度的形容词"괜찮다"等，它们
同样能够在话语中发挥否定功能，因此它们所在的否定
句也被归类为词汇类归约性间接否定。

50. 갑 : 내일 야유회 갔으면 좋겠는데 . 바람도 쐴 겸 .
　　일정대로 진행할까요 ?

　　을 : 글쎄요 . 비가 온다던데, 못 갈 것 같죠 ? (引用
　　自이해영 1994)

51. 마녀공장 크림은 고보습 제품이 드물어서 이번 크
　　림이 출시되고 엄청 기대를 했었습니다 . 흠 … 일
　　단 결론은 "글쎄요" 입니다 .

52. 갑 : 설날인데 할머니 댁에 인사드리러 가자 .

　　을 : 왜 ?

53. 갑 : 배 고파 ?

　　을 : 괜찮아요 .

在例50中说话者을使用的"글쎄"不仅仅是在进行

一种简单的否定义表达，更是揭示了说话者对于"按照计划进行"这一观点的直接反对立场。与此同时，例51通过"글쎄"传达了说话者对"魔女工厂面霜未能达到期待"这一事实的否定态度，使得对话不仅仅是信息的交流，更体现了说话者的情感与立场。"글쎄"在韩国语中常作为对对方提问、邀请或陈述内容的即时反馈，这种反馈往往蕴含着一种微妙的否定意味，使得对话场景更加丰富。例52中我们看到说话者을使用了"왜"来表达"不想去奶奶家"这一意愿。然而在一般情况下，我们仅凭"왜"一词，确实难以完全捕捉说话者的真实意图，这时就需要借助语调、手势、表情等非语言要素[1]进行综合解读。这种多层次的解读方式，不仅提升了语言

---

1 非语言要素指的是说话者的表情、动作、手势等。김영란（2000）提到，"왜"做否定用法时总是出现在话语的开头部分，这与口语中"아니오"总是出现在开头部分是一样的。不过，反语表达中"왜"出现的位置相对自由一些，谓词与谓词之间出现的大部分"왜"也都起到反语作用。本书认为谓词与谓词之间出现的"왜"不是判断否定义的唯一成分，所以将此类表达归入"特殊句式类归约性间接否定"进行分析。

的表达力，也使得听话者能够更准确地把握说话者的情感与态度。

在例53中，"괜찮아요"以一种看似中性的表述，实则传达了"不饿"的否定义。韩国语形容词"괜찮다"本身并不直接表达否定，而是以其模糊性，为说话者提供了一种委婉的否定方式。这种委婉的否定方式在韩国语中尤为常见，它使得对话更加含蓄、礼貌，同时也为听话者留下了更多的解读空间。

综合以上分析，我们可以得出以下几点关于汉韩词汇类归约性间接否定使用情况的总结。首先，汉语与韩国语都善于利用副词来实现归约性间接否定，但两者在副词的选择上各有特色，如汉语的"岂"与韩国语的"전혀""별로""그다지"等。其次，韩国语中的"왜"在功能上与汉语的疑问代词相似，但在词汇种类上，韩国语在表达疑问时显得更为有限，因此更多地依赖于固定格式和特殊句式来实现归约性间接否定。最后，韩国语还通过形容词"괜찮다"以及叹词"ㄹ쎄"等独特方式来实现归约性间接否定，而汉语则通过情态助词如

"能""会""敢""肯"等来达到类似的效果。这些差异与共性，不仅反映了汉韩两种语言在表达上的特点，也为我们更深入地理解和运用这两种语言提供了有益的启示。

4.2.1.2 固定结构类归约性间接否定

汉语和韩国语中存在一些特定的固定结构，它们同样能够传达出否定的含义。

在汉语中例如，"X 什么 X"的结构，就经常被用来表达一种强烈的否定态度。再如，"宁肯 / 宁愿 / 宁可 + 小句"的结构，在汉语中也常被用来表达选择性的否定，它传达出的是在多个选项中，选择了一个并不理想的选项，以此来表达否定义。而"管他 + 小句"的结构，则用来表达对某件事情的忽视或无视，也是一种否定的表达方式。这些结构在汉语中已经被广泛使用并逐渐固化下来，成为表达否定义的重要手段。

54. 向南向其他围观的人嚷嚷："看什么看！有什么好看的？又不是演戏！"

55.虽然大型国有菜店某些菜的品质好，但对大多数顾客来说，还是宁愿去方便灵活的集贸市场。

56.一些国有企业宁可吃亏也要搞合资，就是为了"花钱买个好机制"。

57.努尔哈赤胸有成竹地说："别怕，管他几路来，我就是一路去。"

例 54 中的"看什么看"属于典型的"X 什么 X"结构，它以一种幽默而直接的方式传达了"不要看"的否定义。例 55 与例 56 采用的是"宁愿＋小句"与"宁可＋小句"这两种间接否定形式。其中，"宁愿去方便灵活的集贸市场"这一表述，实则蕴含了"相较于大型国有菜店，我更倾向于集贸市场"的意味，即间接否定了前者；"宁可吃亏也要搞合资"则更为明显，它不仅表达了选择合资的坚定态度，还隐含了"不会选择独资"的否定义。

在汉语中，"宁肯""宁愿"与"宁可"这些词汇经常与"……也不……"的句式相结合，构成一种选择性的否定表达，即在肯定前者的同时，否定了后者。这种

句式结构与韩国语中的"...ㄹ지 언정 + 부사"有异曲同工之妙，都体现了在两者间做出选择的同时对未选择项的否定。值得注意的是，这一句式结构在特定语境下还可以省略"……也不……"的部分，仅通过"宁肯 / 宁愿 / 宁可"来传达否定的含义，使得表达更为简洁有力。

此外，例 57 中的"管他 + 小句"已经成为一种固化的否定用法，它与"不要管他 + 小句"在表达上虽略有差异，但本质上都传达了相同的否定意义。接下来，我们具体聚焦于例 58，进一步探讨汉语中否定表达的其他结构。

> 58. A. 只要是诚实合法挣来的血汗钱，你管他是不是来自"体育产业"。
>
> B. 只要是诚实合法挣来的血汗钱，你不要管他是不是来自"体育产业"。

在例 58 中，A 句和 B 句都传递了一个明确的否定含义，即"不应当关注或判断某人是否属于'体育产业'"。在汉语中，"管他"这个短语经历了一个语法化的过程，逐渐演变成了一个专门用于表达否定的标记。这种语法化的结果是，一旦否定表达在语言中固化下来，对话的参与者无须进行额外的语用推理也能立刻捕捉到其中的否定意义。这表明，汉语使用者已经对这类表达达成了共识，它们在语言中的功能和含义已经被广泛理解和接受。因此，当人们在交流中遇到这样的表达时，人们能够迅速识别并正确解读其否定的意图，而不需要进行复杂的推理过程。这种语言现象反映了汉语表达的简洁性和高效性，同时也展示了语言在长期使用中形成的默契和习惯。

接下来，我们具体分析韩国语的固定结构类归约性间接否定。

59. 추석이면 학교 가서 공부해야지, 가긴 어딜 가.

60. 서울에서 보긴 뭘 봐, 한 번도 안 만나주면서.

61. 언니가 인터넷에서 보고 맛있게 생겼다고 알려준 곳인데 생각보다 그저 그래요.

62. [경찰에게 조사받고 있는 학생이 안기부 직원에
    게 끌려가고 있다.] 경찰: 이것 보세요. 학생들
    을 데려가려면 신병인수증이라도 한 장 써주고
    가야지요. 한기부직원: 꼭 인수증 같은 소리하고
    있네.

　　韩国语的"X 무슨 X""X 뭘 X""X 뭐가 X""X 어디
X"以及"X 같은 소리하고 있다"等固化后的特殊结构
都是规约性间接否定的形式。例 59 至例 62 均未直接采
用否定标记,却都传达了否定的含义。具体来看,例 59
中的"가긴 어딜 가"通过反问"去哪里?"来间接表达
了"不去"的否定意义;例 60 中的"보긴 뭘 봐"则以
"看什么?"的疑问形式,传达了"不看"的否定态度;
例 61 中的"그저 그래요"简洁地表达了"没什么特别
的",即"不好"的否定评价;而例 62 中的"인수증 같
은 소리하고 있네"则通过肯定句式暗示了"无法提供收
入证明"的否定情况。

　　值得注意的是,例 59 与例 60 中,疑问代词"어디"

与 "무엇" 前后伴随着谓词的重复形式，例如，"보긴 뭘
봐" 表示 "不看"，而 "안 보긴 뭘 안 봐" 则表达 "看"
的意思，形成了鲜明的对比。此外，例 61 中的 "그저
그렇다" 或 "그냥 그렇다" 作为固化的表达，仅用于
传达否定的情感色彩。当说话者使用这些表达时，根据
语境的不同，"그저 그렇다" 可以作为对 "좋다（好）"
或 "나쁘다（坏）" 的评判标准，但最终都指向一种不
及 "好" 或 "坏" 的中性态度，即 "不好不坏（좋지 않
다或나쁘지 않다）"。至于例 62 中的 "... 같은 소리하다"
这一结构，既可用于肯定表达，如描述某种相似的言论
或态度；也可用于否定表达，如 "... 같은 소리 하지 마"
或 "... 같은 소리 그만 해"，直接以否定标记拒绝、禁止
或否认对方的话语内容。尽管 "... 같은 소리하다" 用于
否定表达时在语气上不如其他否定式那般强烈，但它同
样透露出说话者对对方话语内容的否定态度，只是表现
得更为含蓄和委婉。

　　通过对汉语、韩国语固定结构表达否定义的形式分
析，我们可以得出汉语的 "X 什么 X" 与韩国语的 "X 무

슨 X""X 뭘 X""X 뭐가 X""X 어디 X" 等都是疑问代
词表否定的固定结构。疑问代词表否定的具体使用上，
汉语只用"什么"，韩国语是根据词性不同使用不同的代
词"무엇""어디""누구"。此外，汉语还可以用"宁
肯 / 宁愿 / 宁可 + 小句"，韩国语可用"X 같은 소리하고
있다"等规约化的固定结构实现间接否定。固定结构类
归约性间接否定的形式已经固化，不需要语境以及复杂
的语用推理也可以理解说话者的否定义。

4.2.1.3　特殊句式类归约性间接否定

汉语与韩国语的疑问句、条件句、选择句、祈使句
以及反语形式都可以行使否定功能。这种融合不仅提升
了语言的表现力，也提升了语言表达的深度和层次。

在疑问句中，反问句是表达否定意涵的主要形式。
通过反问，说话者以一种含蓄而有力的方式，对某一观
点或事实进行否定，这种否定往往比直接陈述更加鲜明
和强烈。条件句方面，韩国语中的假设句则扮演了否定
表达的重要角色。在这些句子中，通过设定一个条件并

预设其不成立，从而间接否定了某种情况的发生或某种结果的产生。这种表达方式既保留了语言的逻辑性和条理性，又增强了表达的灵活性和艺术性。而在选择句中，汉语和韩国语都利用选择项之间的对比和排斥关系来实现对未选择项的否定。通过明确列出几个选项，并暗示其他选项的不适用性，说话者可以传达自己的观点和态度。此外，祈使句和反语形式也在不同程度上展现了否定功能。祈使句通过直接发出命令或请求，隐含了对其他可能性的否定；而反语则通过故意使用与本意相反的词语或语调，来传达讽刺、嘲笑或否定的意味。下面，我们将通过实例进一步探讨汉语和韩国语中这些否定表达形式的具体用法。

63. 我说我听不懂她的话，她立刻对我吼起来，她说："你是说我在讹诈你？"

64. 我跟你是亲戚？是朋友？还是我欠你的？我走哪儿跟哪儿，你这一趟一趟的算怎么回事？

65. "李堡主，如果你是我，你会让出血凝吗？"他反问。很聪明的回答。李陵也回他一个礼貌的微笑。"如果我是你……"他刻意停顿了一下。"我会好好珍惜她，让其他人根本就没有机会，自然，也不会有今天的情况放生。"

66. 至于男盗和女娼，那是非但无害而且有益：男盗——可以多刮几层地皮，女娼——可以多弄几个"裙带官儿"的位置。

67. 喜欢它还烫嘴的时候就吃，这个比 KFC 的好很多。

68. 不过，对我找中国男朋友的事情，他们一直有顾虑，说："小心上当！"

例 63 至例 68 所展现的是汉语的句式类规约性间接否定。这些句子通过非直接的句式结构传达了否定的意义。以例 63 的反问句"你是说我在讹诈你？"为例，这句话并非真的在询问对方是否在指控自己讹诈，而是通过反问的形式，强烈地表达了"我并没有讹诈你"的立场。这种表达方式，相较于直接的否定句，不仅使语言更加生动有力，还蕴含了说话者丰富的情感色彩。再看例 64，连续三个反问句的运用，如同连珠炮般密集而有力，其效果远胜于单一的否定句。这种表达方式，不仅强调了否定的态度，还展现了说话者对于被误解或误判的强烈不满。

例 65 则通过条件句"如果你是我"构建了一个虚拟的情景，在这个假设的情境中，说话者表达了自己会如何珍惜某人，从而间接否定了对方的行为或态度。例 66 中的"无害""有益"并非字面意思，而是运用了反语的修辞手法，实际要传达的是截然相反的意思——"有害""无益"。要准确理解这种反语表达，就需要我们结合具体的语境来进行分析。如例中所言，"至于男盗和女娼，那是非但无害而且有益"，仅凭这句话确实难以判断其是否为反语，但结合后续的内容描述，我们便能清晰地感受到说话者对于这两种行为的讽刺与批判。例 67 展示的是选择句行使否定功能的句子。"这个比 KFC 的好很多"这句话，实际上是在说"KFC 不如这个"，通过比较的方式间接地表达了否定的意思。最后，例 68 中的

"小心上当"则是一种典型的规约性间接否定表达。在这里,"小心 X"或"当心 X"等结构被用来提醒人们注意避免某种不利的情况或后果。

69. 남교사: 연수 아버님은 그 아이 키울 생각이 전혀 없으신 거죠?

아버지: 제가요?

남교사: 왜요? 키우지 말라는 법이 있는 것도 아니잖아요?

70. 그 영감이 무슨 죄가 있어? 할 일 없이 통장 노릇한 것도 죄야?

71. 그 꼽추는 쫓기는 그녀를 노틀담에 숨겨 주고 그녀를 잡으려는 사람들과 맞서서 싸우다가 결국 그녀와 같이 죽음을 택한다는 내용이었다. '왜 꼭 죽어야만 했을까? 다른 데로 도망가면 되지. 나라면 그녀를 데리고 아무도 모르는 곳으로 도망갔을 텐데.'

72. (소개팅한 여자의 외모를 물어봤을 때) 착하게 생

기셨네요 . / 공부 잘 하게 생기셨네요 .

73. 오천 원짜리 인형을 안겨주고, 경혜를 덥석 안고
추위 속을 걸어가는 마음속에 아린 햇살이 일었
다 . "아빠, 저게 더 크고 이쁜데." 더 비싼 것에 미
련이 남아 있는 모양이었다 .

74. 선입금 요구하는 대출 사기 조심하세요 .

　　例 69 至例 74 是韩国语的特殊句式类规约性间接否
定。首先，例 69 通过"爸爸"的反问句，对"南教师"
的言论进行了否定，实则是在强调"并没有养育孩子的
想法"。这种表达方式既避免了直接的冲突，又准确地传
达了否定的含义。例 70 同样运用了反问的修辞手法，指
出"那位老人并非有罪，无所事事地挥霍钱财也并不是
罪过"。而在例 71 中，我们见到了假设条件句的运用。
通过假设"我"的立场，表达与之前内容相悖的观点，
从而间接地传递出"如果是我，或许就不会死"的否定
义。这种表达方式，既展现了说话者的想象力，又巧妙
地表达了否定之意。例 72 则展示了韩国人在社交场合中

的委婉与礼貌。通过"她看起来很善良"或"她看起来很会学习"等表述，说话者间接地否定了对方的外貌，而这种否定方式在韩国社会中被视为一种较为得体的交流方式。同时，这也反映了韩国人在面对面子威胁行为时的应对策略——采用间接、委婉的表达方式以避免直接冲突。在例73中，我们看到了对比表达在否定中的应用。通过对比"这个"与"那个"的差异，隐含地表达了"这个不好看"的否定义。最后，例74以一种看似不直接表达否定的方式，通过词典释义揭示了其内在的否定含义，即韩国语词典中"조심（小心）"被解释为"잘못이나 실수가 없도록 말이나 행동에 마음을 씀"。而例74中的表述则可以理解为"不要进行需要谨慎考虑的贷款"。这种通过语境和词典释义来解读的否定方式，进一步展示了韩国语在表达否定时的多样性和灵活性。通过以上例句，我们可以总结出这些句式不仅体现了韩国语丰富的表达方式，还反映了韩国人在语言使用中的礼貌与委婉特征。

　　在深入剖析形态与句法特征的基础上，依据固化成分的显著差异，本书系统性地将汉语与韩国语中的规约性间接否定进行了细致分类，具体划分为三大类别：词汇类规约性间接否定、固定结构类规约性间接否定以及特殊句式类规约性间接否定。各类别的分类及其特性具体呈现如下表4所示。

表4　汉韩规约性间接否定的类型

类别	共同点		不同点	
	汉语	韩国语	汉语	韩国语
词汇类规约性间接否定	副词：岂 代词：什么、谁、哪、哪里	副词：전혀，별로，그다지，왜 등	情态动词：能、会、敢、肯	叹词：글쎄 形容词：괜찮다
固定结构类规约性间接否定	"X 什么 X"	"X 무슨 X"，"X 뭘 X"，"X 뭐가 X"，"X 어디 X"	"宁肯 / 宁愿 / 宁可 + 小句"，"管他 + 小句"	"X 같은 소리하고 있다"
特殊句式类规约性间接否定	疑问句、条件句、选择句、祈使句、反语形式			

4.2.2 汉韩非归约性间接否定的表达特点

在话语交际中，非归约性间接否定展现了一种独特的言语策略，它既不依赖于任何显性的否定标记，也不借助于任何形式化的否定标识，而是以陈述句的面貌，蕴含并传达出深层的言外之意。这一策略要求听话者具备敏锐的语境感知能力，方能捕捉并领悟其中蕴含的微妙信息。

非归约性间接否定的一大特性便是其无标记性（unmarkedness），即表面看来，它并不携带任何直接指向否定的语言信号。进一步深入观察，我们不难发现，此类表达还常常在形式上违背了语言交流中的方式准则与关系准则，呈现出一种看似悖谬实则深邃的表达方式。对于说话者而言，这无疑是一种精心策划的交际策略，旨在通过间接而隐晦的方式，传达那些不便或不宜直接言说的信息与意图。对于听话者而言，解读这样的非归约性间接否定则成为一场对语境敏感性的考验。他们需凭借对语境的深入理解与细致把握，方能穿透语言的表象，捕捉到隐藏其后的深层含义与弦外之音。

4.2.2.1　汉语非规约性间接否定的表达特点

汉语非规约性间接否定的表达形式，主要通过一系列的手法来传达否定之意。这些手法包括但不限于：转移话题、拐弯抹角、运用表非现实性的话语；同时，通过详细叙述事实、阐述原因或理由，在逻辑上引导听众自行推导出否定的结论；此外，模糊表达与模棱两可的手法也是常用策略，它们利用语言的模糊性，使否定之意在字里行间若隐若现，让听话者在品味中领悟。

王志英（2012）曾对这一现象进行了深入的探讨，他认为这些非规约性间接否定的表达形式，不仅丰富了汉语的表达方式，也体现了汉语言文化的深厚底蕴和独特魅力。通过运用这些手法，人们可以在不直接冒犯他人的情况下，委婉而有效地表达自己的否定观点，展现了汉语在交际中的灵活性。

75. 林雨馨：服务员，买单！

穆白：付账是男人的事。（曾莉 2009 年用例）

76. A. 你喝咖啡吗？

B. 咖啡会让我清醒。（Sperber & Wilson 1995 年用例，作者译）

77. 鲁贵：你看你们这点穷相，来到大家公馆，也不看看人家的阔排场，尽一个劲儿闲扯。四凤，你先把你这两年做的衣裳给你妈看看。

鲁四凤：妈不稀罕这个。

78. 纪晓岚：你知道什么叫一箭双雕吗？那一支毒箭分明是有人要嫁祸于我的。

莫愁：这些话你留着跟黄大哥说吧。

在探讨例 75 至例 78 的语境时，我们不难发现，这些例句均未直接采用否定词汇，却传达了说话者的否定意图。以例 75 为例，通过提及"付账是男人的事"这一社会常识，说话者间接地表达了自己无须承担付款责任的立场。这种表述既体现了社会角色的既定认知，又规避了直接的否定表达。例 76 的复杂性在于，离开了具体的对话环境，"咖啡会让我清醒"这一表述可能产生双重解读：既可能是表达一种对咖啡效果的期待，希望借助咖啡提神醒脑；也可能是反其道而行之，暗示当前状态已足够清醒，无须咖啡进一步刺激。这种含义的模糊性，正是非规约性间接否定的一大特点，它要求听话者结合语境进行细致的理解。例 77 则展示了另一种策略——话题转移。说话者通过转换话题，间接表达了对某一话题或提议的不赞同或回避态度。这种手法既保持了对话的礼貌性，又有效地传达了否定信息。至于例 78，"莫愁"利用非现实性时间的话语结构，巧妙地反驳了"纪晓岚"的观点。这里的关键在于，听话者需具备关于"黄大哥"已逝的背景信息，才能准确捕捉到"莫愁"话语中的否定意味。这种依托于特定文化或知识背景的否定方式，进一步凸显了非规约性间接否定的复杂性。

　　从语言学的角度来看，非规约性间接否定之所以能够实现形式与意义的非一致性，根源在于语言的深层结构与表层结构之间的区别。深层结构承载着语言的意义，具有高度的抽象性和单一性；而表层结构则负责将这些意义以灵活多样的形式呈现出来。非规约性间接否定正是利用了这种差异，通过精心设计的语言形式，实现了语用和修辞上的独特效果，使得表达更加含蓄、委婉且富有韵味。

4.2.2.2　韩国语非归约性间接否定的表达特点

79. A: 이 일을 완전히 숙달하셨어요 ?

　　B: 아직 햇별아리입니다 .

80. A: (소개팅에 갔다 온 친구에게) 그 여자 예뻐 ?

　　B: 마음이 착해 .

81. A: 이 책임 네가 질꺼야 ?

　　B: ...

在例 79 中，说话者 B 巧妙运用了 "햇병아리" 的比喻，否定了 A 的陈述。在脱离具体语境的情况下，这两句对话看似答非所问，但深入探究，"햇병아리" 作为 "풋내기"（"新手" 或 "不熟练者"）的隐喻性表达，恰

如其分地传达了 B 对 A 所提观点中隐含的"工作已熟练"
论调的不认同，强调了当前状态尚未达到应有的熟练程
度。例 80 则展示了另一种情况，面对 A 的直接提问，B
非但没有正面回应，反而给出了一个与问题内容完全不
相关的答案。这种策略实际上是一种巧妙的回避手法，
间接地表达了对 A 提问的内容的回避态度，甚至可能暗
含了对问题本身的不满或不愿触及的情绪。而在例 81
中，B 的回应更为含蓄，他选择了沉默这一非言语行为。
然而，正是这份沉默，在特定的语境下被赋予了丰富的
否定意味。它不仅仅是声音的缺失，更是对 A 某种期待
或要求的无声拒绝。

　　上述例子共同揭示了非归约性间接否定在表现形式
上的丰富性，对其的理解高度依赖于交际语境的解读。
这种否定方式不拘泥于固定的语言形式，而是深受个人
习惯、社会规范及文化背景等多重因素的影响，使得其
在具体表达上呈现出高度的灵活性和个性化。虽然无法
穷举非归约性间接否定的所有表现形式，但我们可以通
过分析其结构特点和内在规律来加深理解。尤为值得一

提的是，无标记性作为非归约性间接否定的一大特征，使得后者往往以肯定陈述的形式出现，而否定意义则隐匿于语境之中，需要听话者凭借敏锐的感知力和语境理解力去挖掘和领悟。这一过程不仅考验着交际双方的智慧和默契，也充分体现了语言作为交流工具的复杂性和艺术性。

> 82. A: 이 대학에서 가르치세요?
>
> B: 저는 이 대학 직원입니다. (이창덕 2014: 282)

在例 82 中，说话者 B 运用了"저는 이 대학 직원입니다"这一表述，间接表达了"안 가르치다"否定义。这种表达之所以能被准确解读，根源在于韩国语使用者普遍具备的一种共有知识，即"대학 직원"这一身份通常指的是负责行政管理工作而非直接参与教学活动的教师。基于这一社会常识和语境理解，听话者能够超越字面的直接意，深入了解话语背后的隐含意图，即说话

者 B 并非教学人员，因此不承担教学任务。这种从表面言语向深层次含义的成功过渡，是基于双方共有的文化根基与知识体系所实现的，两者共同构筑了深入理解复杂语言行为的基石。最终，说话者 B 的回应不仅针对说话者 A 可能存在的疑问给出了有效的解答，还通过一种含蓄且礼貌的表述方式，巧妙地传递了核心信息，从而规避了直接拒绝可能引发的尴尬或冲突局面。这一过程，如图 4-1 所示，体现了在特定文化环境中，个体如何借助语言中的微妙差异及共同知识背景实现高效的沟通目标。

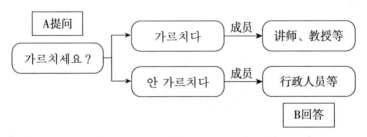

图 4-1　韩国语非规约性间接否定的问答流程

如图 4-1 所示，为了达成例 82 中提问与回答的交际过程，我们需历经两个不同层次的推理步骤。这一实践不仅重申了间接否定相较于直接否定在理解层面上的繁复性，同时也凸显了其在认知领域需投入更多努力。具体而言，非规约性间接否定的实现，往往依赖于词汇所蕴含的多种特性。值得注意的是，由于词汇的特性并不单一，因此，即便在不同语境下使用相同答案进行回应，也可能因所触发的特性差异，而表达迥然不同的否定意义。这一发现进一步加深了我们对语言复杂性的认识，并强调了在不同语境中准确理解与应用否定表达的重要性。

> 83. A: 이 대학 학생이세요?
>
> B: 저는 이 대학 직원입니다.

比较例 83 与例 82 的 B 句，我们发现尽管两者在字面上保持了一致性，但所蕴含的否定意味却大相径庭。例 83 的 B 句，以其简洁明了的表述"我是大学员工"，直接否定了说话者具备大学生身份的可能性。这种否定直接针对的是个体的身份属性。这一用法再次印证了语言的丰富性和灵活性，即相同的句子结构或词汇组合在不同的语境下，能够承载并传达截然不同的意义与情感。

接下来，我们将继续看下一组例句的对比分析，进一步揭示同一话语在不同语境下如何产生不同的否定效果，以全面理解语言的多样性与复杂性。

84. A: 디저트로 아이스크림을 먹을래요?

　　B: 오늘 날씨가 많이 춥네요.

我们不难发现，在例84中，A、B两句相较于先前讨论的非规约性间接否定用法，其关联性显得尤为薄弱，其表层结构几乎达到了互不相关的程度。然而，经过深入分析，我们能够洞察说话者B在字里行间所隐含的真实意图——"我不愿吃冰淇淋"。这类非规约性间接否定无疑对听话者的理解力构成了重大挑战。它要求听话者不仅需具备深厚的语境知识，还需调动更多的认知资源，以穿透字面意义，准确把握说话者的真实情感与态度。进一步而言，非规约性间接否定的运用，往往蕴含着策略原则与礼貌原则等语用原则。说话者运用这些原则，不仅能够强化否定的语用效果，还能在维护双方关系的同时，传达出直接否定难以表达的复杂情感与微妙意图。值得注意的是，尽管非规约性间接否定在语用效果上独具优势，但其在实际话语交际中的应用并非必须遵循既定的语用原则。说话者在运用此表达时，往往是在无意识中遵循了这些原则，而非刻意为之。这种自然流露的语言习惯，正是语言生命力的生动体现。如果我们的日常交流仅限于直接否定，那么将错失众多表达细腻情感与复杂意图的宝贵机会。直接否定虽简洁明了，但也可能因过于生硬而损害对方的面子，甚至影响言语行为的最终效果。因此，掌握并熟练运用非规约性间接否定，无疑是我们提升沟通能力的重要一环。

4.3　汉韩间接否定的语用特点

　　间接否定作为一种言语表达策略，在人际交往中既精准地传达了说话者的否定立场，又蕴含了丰富的语用功能，为沟通增添了层次与深度。鉴于汉语与韩国语在语言表达特性及文化使用习惯上的显著差异，两者在运用间接否定时所展现的语用特点亦各具特色，以下将对此进行深入的剖析。

　　在汉语的语境中，间接否定常被赋予较多的微妙与含蓄意味。它超越了简单的直接反驳，通过运用反问、假设、比喻等修辞手法，以一种温和而有力的方式传达出对某事的不认同或质疑，同时避免了直接的冲突，维护了对话的和谐氛围。此外，汉语间接否定还常用于表达讽刺、调侃等复杂情感，使语言更加生动有趣，增强了表达的效果。相比之下，韩国语中的间接否定则展现了一种独特的文化韵味。韩国人崇尚礼貌与谦逊，这种文化特质在间接否定的运用中得到了淋漓尽致的体现。

韩国语中的间接否定往往采用极为隐晦的表达方式，如使用敬语、模糊表达或借助语境暗示等，委婉地传达否定意图。这种表达方式不仅体现了对对方的尊重，也彰显了韩国人在沟通中的策略性。在韩国语中，间接否定还常与谦逊、自责等情感相结合，形成了一种独特的语用风格，使得沟通更加细腻且富有深度。

无论是汉语还是韩国语，间接否定都以独特的方式在交际中发挥着不可或缺的作用，展现了语言的无穷魅力。通过深入分析这两种语言中间接否定的语用功能，我们能够更加深入地理解不同文化背景下的语言习惯与沟通策略，从而为跨文化交流的顺利进行提供有力的支持。

4.3.1 汉语间接否定的语用特点

在汉语的表达习惯中，间接否定是一种常见的修辞手法，它不仅是一种语言形式上的技巧，更是体现了说话者在表达时的委婉含蓄。通过这种否定方式，说话者能够巧妙地传达自己的观点，同时避免直接冲突，保持良好的人际关系。间接否定通常用于表达对某一事实或观点的反对，但不是直接说"不"或"不是"，而是采用一系列的修辞技巧，如反问、转移话题、使用条件句等，来实现否定的效果。

例如，当一个人不想接受别人的邀请时，他可能会说"这个周末我已经有安排了"，而不是直接说"我不想去"。这种表达方式既保持了礼貌，又达到了否定的目的。再比如，当一个人不同意另一个人的观点时，他可能会说"你说的这个观点很有趣，但我有不同的看法"，而不是直接说"你说的不对"。这种表达方式既尊重了对方，又表达了自己的观点。

通过间接否定，说话者可以更好地控制对话的节奏和方向，使自己处于主动地位。同时，间接否定也能够更好地传达说话者的情感和态度，使对方能够更准确地理解说话者的意图。因此，在汉语的日常交流中，正确运用间接否定，不仅能够提高沟通的效果，还能够提升个人的语言修养和社交能力。

4.3.1.1　委婉效果

在人际交往与沟通的过程中，人们普遍追求一种精确且恰当的表达方式，旨在确保交流双方能够无障碍地沟通，并在此过程中相互给予舒适与愉悦的体验。为实现这一目标，采用委婉表达策略显得尤为重要。其中，间接否定手法作为一种高效手段，通过温和且间接的方式传达否定信息，既体现了对对方立场的尊重，又清晰表达了个人的观点，从而促进了更为和谐与高效的沟通环境的建立。

> 85. A：明晚一起去看《失恋 33 天》吧，听说是今年票房最高的一部电影。
>
> B：上周我刚看过《失恋 33 天》。（王志英 2012：166）

在示例 85 中，我们注意到说话者 B 对 A 的建议采取了一种富有策略性的回应方式。他并未遵循传统的合作原则，即直接、明确地回答问题，而是通过一句与问题表面看来无直接关联的话语进行回应。从语言直接性的角度考量，这一回应方式确实在某种程度上偏离了直接回应的常规路径。然而，进一步探究其背后的深层动机，我们可以发现这一回应策略实际上是说话者 B 为了维护更为重要的交际准则——礼貌原则而采用的表达方式。具体来说，通过避免直接的肯定或否定回答，说话者 B 有效地避免了可能引发的冲突或尴尬情境，从而在无形中维护了双方的面子，保持了良好的交际氛围。因此，尽管表面上看似违背了合作原则，但实质上却是说话者为了更深层次地遵循礼貌原则、促进和谐交际而作出的选择。

4.3.1.2　强调效果

在汉语表达中，间接否定融合了情态动词与疑问代词，不仅传递了信息，还突显了说话者的主观情感与态度。其中，某些情态动词如"会"，在间接否定结构中扮演了尤为重要的角色。

86. 他是个细心谨慎人，又很谦逊，如今把关乎商洛山中安危的重担子交给他，他自然要推迟推迟。军令大似天，你还怕他会不服从军令么？

以例句86为例，这里的"会"作为情态动词，并未直接表达"会"的常规含义，而是通过与后文的否定内容相结合，形成了一种特殊的间接否定形式。这种用法，实际上是在用双重否定的方式，即"不会不服从"来强烈地表达肯定的意思，即"他一定会服从军令"。这种间接否定的表达方式，其精妙之处在于它能够以一种较为委婉而有力的方式，强化说话者的观点，使听话者在感受到语气的坚定之余，也能体会到说话者的情感与态度。同时，疑问代词的运用，如本例中的"么"，更是增添了反问的意味，使得整个句子在表达上更加生动有力。

4.3.1.3　突显主观情态

主观情态是人们在交流过程中，对所述内容所持有的各种主观感受和态度，它涵盖了说话者的相信、犹豫、怀疑、担心、确定或不确定的评价，以及个人的意愿等多种情感色彩。这种主观情态的展现，使得语言不仅仅传递了信息，更传递了说话者的情感和态度。在语言表达中，相比于直接的肯定句和一般否定句，间接否定往往能够更突显出说话者的主观态度和情感。这种表达方式不仅否定了某种行为或观点，更在否定中融入了说话者的强烈情感，使得语言更加生动有力。

> 87. 看着这动人的情景由远而近，终于忍不住黑着脸吼道："唱什么唱，看什么看！这是演习，不是拉练。"
>
> 88. 仆人：夫人，宁王派人来要见少爷。
>
> 　　唐伯虎：哎，管他呢，你去帮我打发他走就算了。

以例 87 为例，"唱什么唱，看什么看！"这句话在表达否定义的同时，通过重复"唱"和"看"并配以强烈的语气，生动地传递出了说话者生气的主观情态。与直接使用否定句"别唱，别看！"相比，这种表达方式更加具有表现力和感染力，能够让人深刻感受到说话者内心的愤怒和不满。再看例88,"管他呢"这句话虽然简短,但却在表达否定义的同时传递了说话者无所谓的主观情态。这种无所谓的态度,既表明了说话者对某件事情的不关心、不在乎,也透露出了说话者轻松、自在的情感状态。与直接否定相比,这种间接否定的表达方式更加含蓄而富有韵味。综上所述,主观情态在语言表达中扮演着重要的角色,而间接否定则是展现这种主观态度和情感的一种有效手段。通过运用间接否定表达方式,我们可以更加生动、有力地传递出自己的情感和态度,使语言更加富有感染力和表现力。

4.3.2　韩国语间接否定的语用特点

韩国语的间接否定表达作为一种语言策略,同样不仅展现了说话者温婉谦逊的姿态,还体现了其在交流中的主观情感与态度。这种方式在多个维度上发挥着至关重要的作用,具体包括以下几个方面:

首先,它作为一种委婉的表达手段,使得说话者能够在不直接否定对方观点或行为的同时，传达出自己的不同意见或保留态度。这种间接的方式避免了直接冲突，维护了对话的和谐氛围，体现了韩国文化中尊重与礼貌的价值观。其次，间接否定还强调了说话者的主观态度与立场。通过含蓄的否定表达，说话者能够清晰地表明自己的观点或看法，同时给予对方足够的空间去理解和接受。这种表达方式不仅展现了说话者的个性与主张，也促进了双方之间的深层次交流。再次，韩国语的间接否定在维持面子方面也起到了至关重要的作用。在东亚文化背景下，面子被视为个人尊严与荣誉的象征。通过间接否定，说话者能够在不伤及对方面子的前提下，表达自己的不同意见或建议。最后，间接否定还具有调节主观情态的功能。它允许说话者根据自己的情感状态与交流需求，灵活地调整表达方式与语气。在需要表达强烈情感时，可以通过加强间接否定的语气来引起对方的注意；而在需要保持冷静与客观时，则可以通过弱化间接否定的语气来避免过度情绪化。

4.3.2.1　委婉和谦逊效果

间接表达相比直接表达能够更好地体现说话者委婉的态度。说话者选择使用间接否定也正是考虑到减少听话者的心理负担，降低面子威胁程度，为交际双方顺利进行沟通起到良好的作用。

89. A: 좀 더 싸게 주세요.

　　 B1: 안 되요.

　　 B2: 이건 수입제라서 단가가 원래 비싸요.

在例 89 的情境中，我们看到了售货员与顾客之间的一场对话。面对顾客的请求"좀 더 싸게 주세요"，售货员有两种回应方式：B1 的直接否定和 B2 的委婉表达。从语言的经济性角度来看，直接否定无疑更为简洁高效。然而，在实际的生活语境中，我们不难发现，人们更倾向于采用 B2 这种委婉的否定方式。之所以如此，是因为 B2 不仅传达了售货员的否定态度，还以一种更为温和、易于被对方接受的方式呈现。这种方式有助于减轻顾客

的抵触情绪，使得顾客在听到否定答案时，不会感到过于生硬或冒犯。同时，它也体现了售货员对顾客感受的尊重和理解，为双方后续的沟通营造了更加和谐、友好的氛围。因此，虽然直接否定在效率上占据优势，但在实际的人际交往中，委婉的间接否定往往更能赢得人心。

4.3.2.2　强调效果

韩国语中的疑问句形式及其特殊句式所构造的间接否定结构，往往能展现出一种独特的强调效果。相较于直接的陈述句，疑问句在语气上自然地蕴含了更强烈的询问与期待情绪，这种语气上的微妙变化，使得疑问句在表达否定义时，能够更为鲜明地凸显说话者的否定立场与态度。具体来说，当说话者选择以疑问句的形式传达否定信息时，他们并非真正寻求对方的答案，而是形式上给予对方回应的邀请，实则通过反问的方式加深自己否定态度的表达。听话者在接收到这样的信息后，虽被表面的疑问所引导，但通过语境分析与语义推理，能够洞察说话者背后的真正意图，感受到反问背后强烈的否定与强调。

此外，韩国语中还存在一类特殊句式，如"... 무슨 ..."" ... 어디 ..."等，它们通过重复否定焦点，构建出独特的强调模式。这种句式不仅有效突出否定对象，还通过重复与强化的手法，使否定意义更加鲜明。在此类句式中，否定不再是简单的表达，而是一种强调手段，让听话者在接收到否定答案的同时，感受到说话者对于否定立场的坚定与执着。

4.3.2.3　维持面子效果

在回应"너 이거 가질래？"的提问时，"안 가져"直接而明确地表示了否定，而"나 이거 이미 있어"则通过一种更为间接的方式传达了否定的意思，即暗示了对该物品无需求或已拥有的状态。这种委婉的表达方式，旨在减轻对听话者面子的潜在威胁，体现了在交流中维护对方尊严和自尊的社交礼仪。通常而言，委婉表达承载着维护个人尊严的功能，它宛如一种温和的外交策略，旨在创设和维持和谐且顺畅的交流氛围。特别是反语等间接表达方式，尽管在表面上可能仅表现为淡然的言辞，但其内在蕴含的情感与态度却可能极其丰富。这种表达

方式，通过口惠（lip service，即表面上的赞美或客套）的形式，有效缓解了交流过程中可能出现的紧张氛围或冲突，起到了预防矛盾升级的重要作用。然而，值得注意的是，反语等间接表达方式的效果并非固定不变。其效果往往受具体语境和说话者态度的影响。在某些情境下，反语反而可能加剧面子威胁，因为听话者可能难以准确捕捉说话者的真实意图，进而产生误解或负面情绪。

> 90. [백화점 엘리베이터에서 음식 배달원으로 보이는 사람이 옷차림이 평범한 여성에게] 패션 죽이네요 . 명품관에서 일하세요 ?

以例 90 为例，一位外卖员在商场的电梯里对一位穿着朴素的女性说道："你的时尚感真好，是在名牌店工作吗？"这句话存在两种截然不同的解读方式。一种解读为正面评价，认为女性的穿着打扮颇具品位，甚至猜测她在名牌店工作；另一种解读则为反面讽刺，说话者以反语的方式暗示女性的穿着并不时尚。这种模糊性使得听话者难以迅速判断说话者的真实意图，从而增强了交流的复杂性和不确定性。若女性确实穿着不够时尚，而说话者直接以"你的时尚感太差了"这样的直接否定方式来表达，无疑会对女性的尊严造成严重的威胁，甚至可能引发冲突。因此，说话者选择了更为委婉的表达方式，即便在语境条件并非完全清晰的情况下，也尽量避免了直接伤害对方的自尊。

4.3.2.4 调节主观情态

说话者通过运用间接否定的方式，能够调整其主观情感表达。相较于直接否定不加掩饰地展现了说话者的否定立场，间接否定避开了这种直接的形式，对于说话者而言，这更像是一种情感的处理与净化。

91. A: 아버지: 이것도 성적이라고 가져왔니? 아주 자~알 했다. 자~알 했어. 계속 그렇게만 해라. 그러면 서울대가 아니라 서울대 할아버지도 충분히 가겠다. (이성범 외 2002: 26)

B: 아버지: 시험 성적이 바닥이야! 아주 못했

> 다. 못 했어. 공부를 계속 그렇게 하면 안 돼. 그러면 서울대커녕 아무 데도 못 간다.

　　例 91 中，我们对比了两位父亲在孩子取得成绩后的不同反应。A 句中的父亲以一种间接否定的方式表达了不满。这里，他通过反问句"이것도 성적이라고 가져왔니?"和假设条件句"계속 그렇게만 해라. 그러면 서울대가 아니라 서울대 할아버지도 충분히 가겠다"以及反语"아주 자～알 했다. 자～알 했어"等多样化的表达手法，间接地传达了否定的态度，既表达了不满，又显得相对温和。反观 B 句中的父亲，他采取了直接否定的方式。这种直截了当的否定方式，不仅透露出他消极的情感态度，还显得缺乏作为家长的耐心与包容，甚至可能让孩子感受到强烈的压迫感，从而导致交际的顺畅进行受阻。因此 A 句中的间接否定方式，通过词汇、短语和句型运用，不仅丰富了表达内容，还使得说话者的意图得以更为温和且有效地传达。

4.4 汉韩规约性间接否定的使用机制

在前面的论述中，我们从词汇类归约性间接否定、固定结构类归约性间接否定及特殊句式类归约性间接否定三个维度剖析了汉语与韩国语在规约性间接否定表达上的特性。这些维度不仅揭示了两者在表达形式层面的微妙差异，更体现了它们各自语言体系内独特的表达习惯与思维模式。尤为值得注意的是，尽管汉语与韩国语中的规约性间接否定在表现形式上各有千秋，但在实际语言运用中，它们均映射出说话者依据个人主观意愿及具体情境需求所做出的灵活选择。回顾过往学术界的探索历程，不难发现，尽管众多学者已就汉语和韩国语的间接否定的使用动因、运作过程及理解机制展开了研究与讨论，但这些探讨往往倾向于宽泛的概述，且更多地聚焦于非规约性间接否定领域，而对于规约性间接否定的使用机制，则显得研究深度不足，缺乏详尽的剖析。[1]

　　事实上，规约性间接否定与非规约性间接否定在运用过程中存在着鲜明的差异。规约性间接否定凭借其固定的表达框架及较高的接受度，在特定语境下能够更为直接地传达说话者的意图，无须过多依赖语境的额外补充。相较之下，非规约性间接否定则更为依赖语境的支撑，其表达效果往往随着语境的变化而呈现出不同的面貌。因此，为了实现对汉韩两种语言中规约性间接否定使用机制的更为全面、深入的理解，我们有必要进一步细化分析路径，深入探究其在不同语境下的具体应用情况、与说话者主观意愿的紧密联系，以及听话者如何准

1　王志英（2012）、曾莉（2014）、金龙军（2014）分析了间接否定的使用机制。其中，王志英分析间接否定生成的动因主要是言语交际中的主观化、交互主观化以及人类元认识意识的监控，并对规约性间接否定和非规约性间接否定的理解过程进行了阐述。不过其研究内容更偏向于非规约性间接否定，有关规约性间接否定的分析篇幅较少。另外，曾莉分析了汉语非规约性间接否定的生成原因和理解过程，金龙军分析了韩国语间接否定的使用动因、生成过程以及理解过程。上述研究未对规约性间接否定进行专门的论述，无法确切说明规约性间接否定与非规约性间接否定在使用过程中的差异。

确理解并有效回应这些间接否定表达。这样的研究不仅有助于深化我们对汉语、韩国语间接否定现象的认知，还将为跨文化交际的顺利进行及语言教学的有效实施提供宝贵的参考与借鉴。

4.4.1 规约性间接否定的生成动因

相较于一般否定句，规约性间接否定以一种"迂回"的方式传达说话人的否定意图，同时融入了其情感态度。在言语交流时说话者往往挑选他们认为最合时宜的否定表达，其中规约性间接否定便是历经语言社群长期使用而逐渐稳固下来的、广为人知的表达范式。本书旨在从"维持面子""保护自我"及"表达情感"三个维度，深入探讨说话者选择规约性间接否定的深层次动因。

Brown 与 Levinson（1987）构建的面子理论，为剖析礼貌现象背后的人际互动逻辑提供了理论基石。该理论指出，每位交际主体均拥有积极面子（positive face）与消极面子（negative face）。每一次言语交际都可能使双方的积极面子或消极面子遭受潜在威胁，故几乎所有言语行为均蕴含着面子威胁。礼貌会话的精髓便在于巧妙地运用语篇策略（discourse strategy），以最大限度地减轻这种威胁。在交际过程中人们往往倾向于选择那些能够降低威胁程度的表达方式。规约性间接否定，以其无否定标记的特质，借助含蓄的表达、疑问句、条件句、选择句等间接言语行为履行否定功能，从而最大程度地维护了听话者的面子，尤其在中国与韩国这样的礼仪之邦，对面子的珍视更使得间接否定的使用成为一种不言而喻的交际策略。

否定表达作为面子威胁行为的直接体现，极易在交际双方间激发负面情绪，导致氛围紧张，甚至引发矛盾与冲突。面对不利或紧张情境，人类天生的自我保护机制会自然启动，这种机制在交际冲突中同样发挥着重要作用。规约性间接否定形式上的模糊性与肯定表达相近，加之部分表达存在的语义含混，为说话者预留了回旋余地，减少了直接否定可能带来的冲突风险。此外，规约性间接否定还承载着说话者丰富的"情感"。它超越了简单否定标记的束缚，通过语调、词汇选择、结构布局及句式变换，不仅传达了基本的否定意义，更展现了说话者的情感态度、否定强度等细腻的情感色彩。这种表达方式，让说话者得以在否定之中融入强调、讽刺、批判、悲伤、愤怒等多种语用效果，使得交际过程更加丰富多彩。

综上所述，说话者在"维持面子""保护自我"及"表达情感"等多重动机的驱使下选择了规约性间接否定表达方式。接下来，我们将进一步剖析这一表达形式的形成过程。Grice（1975：45）曾指出，人们的交谈并非杂乱无章的话语堆砌，而是基于共同目的或方向的协作过程。在交谈中那些与目的或方向不符的话语会被自然淘汰，以确保交谈的顺畅进行。他进而提出了合作原则（cooperative principle），即要求交际双方共同努力，使各自的话语符合交谈的公认目的或方向。然而，在规约性间接否定的形成过程中，却出现了对数量准则（the maxim of quantity）和方式准则（the maxim of manner）的违背现象，正是这种违背赋予了它独特的交际价值与魅力。

我们首先看一下数量准则的内容：

①所说的话应包含当前交谈目的所需要的信息；

②所说的话不应包含多余信息。

归约性间接否定的核心作用在于否定。换言之，否定义是构成归约性间接否定不可或缺的"核心信息"。然而，在诸如疑问句、条件句、选择句等句式中，我们不难发现"额外附加的信息"的存在。例如"나라면 그녀를 데리고 아무도 모르는 곳으로 도망갔을 텐데"这句话，通过说话者所构建的假设性立场，传达了"너처럼 하면 안 된다"这一否定性的意义。从信息量的角度来看，该句所直接表达的核心信息是"너처럼 하면 안 된다"，而"나는 어떻게 한다"则构成了多余的信息成分。当面对违反数量准则的话语内容时，我们往往需要借助语用推理来挖掘并推导出隐藏于话语之中的隐含意义。然而，对于归约性间接否定这一语言现象而言，由于其已经作为一种固化的语言结构存在于母语使用者的认知体系中，因此他们在理解其真实语义时，往往能够直接而迅速地把握要点，而无须经历复杂的语用推理过程。

接下来我们继续看一下方式准则的内容：

①避免含混不清；

②避免歧义。

在上文中，我们探讨了"保护自我"这一核心动因，它是驱动人们归约性间接否定使用的内在力量。具体而言，当说话者采用模糊且间接的方式传达否定之意时，这一策略减轻了直接否定可能引发的负面效应，为说话者筑起了一道自我保护的心理屏障。进一步而言，疑问句以其独特的疑问形式和潜在的歧义空间，成为降低否定强度的有效工具。通过巧妙的设问，说话者不仅能够引导听话者进行深思，还能在无形中削弱否定话语的尖锐性，使得交流氛围更为和谐。此外，条件句与选择句的灵活运用，更是为对话增添了丰富的层次感和灵活性。这些句式不仅为听话者提供了更多的思考维度，还常常营造出一种有"言外之意"的语境，使得听话人在解读信息时不得不进行更为深入的推敲。这种"答非所问"的错觉，实际上是说话者精心布局的智慧体现，旨在引导对话朝着更为积极、更具建设性的方向发展。

4.4.2 规约性间接否定的理解机制

在深入剖析归约性间接否定的认知过程中，我们必须重视听话者所展现的识别能力。依据会话合作原则，听话者在交流时的首要任务是确认说话者传递的内容与当前话题的紧密契合。这里要重点介绍的是，Sperber 和 Wilson（1986）在合作原则中的"关系准则"基础上，构建的关联理论。此理论为解析交流中信息的关联性提供了重要的理论支撑。根据关联理论，若其他条件恒定，输入信息所引发的认知效应愈显著，其关联性便愈强；反之，则愈弱。同时，处理该输入信息所需的认知负荷越小，其关联性越强；反之，则越弱。在此理论框架下，直接否定句因其鲜明的认知效应而显现出较强的关联性；相较之下，间接否定则需听话者投入更多认知资源以解读，故而其关联性看似较弱。为精确捕捉间接否定的深层含义，听话者会预先假定待处理信息为相关联的，随后选取适宜的语境框架进行意义推导。然而，针对那些在社会或文化背景下已稳固成形的规约性间接否定，听话者可依托形态结构线索或既有语言知识，以较少的认知投入快速洞悉其否定意涵。此现象可借助关联理论中关于"所言（what is said）"层面的"明说（explicature）"与"会话含义（implicature）"间快速转换的机制得以合理解释。

规约性间接否定通过"直接推理（immediate inference）"这一路径被理解，听话者能迅速从话语中捕捉语境效果，展现出高关联性与低间接性的特征。[1]进一步而言，规约性间接否定在间接性维度上既非如一般否定句那般直截了当，亦非如非规约性间接否定那般高度隐含，此差异揭示了两类否定理解过程的差异。具体而言，理解规约性间接否定所需的认知努力虽略高于一般否定句，但相较于非规约性间接否定，其对语境的依赖度较低，即理解过程中所需的主观努力较少，从而呈现出一种介

---

1 间接性是指话语的显义和说话意图之间的关系。话语的显义和说话意图的相关性越强，理解所需的语境依赖度及理解难度相对越低，间接性也越弱；相反，话语的显义和说话意图的相关性越弱，理解所需的语境依赖度和理解难度相对越高，间接性也越弱。

于两者之间的独特状态。

　　图 4-2 为间接否定与一般否定的理解过程，由图可知规约性间接否定与一般否定、非规约性间接否定在理解过程上的异同与关联。在理解规约性间接否定时，听话者需辨识并处理那些已固化为社会文化背景知识的否定表达。此处理方式既迥异于直接否定句的明确表述，也不同于非规约性间接否定的隐晦表达。因此，听话者需依据具体语境与既有知识，灵活调整认知策略，以实现对规约性间接否定的精准理解。

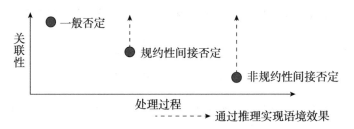

图 4-2　间接否定与一般否定的理解过程

4.5 小结

本章通过详尽的对比分析，探讨了间接否定在形态特点、语义特点及语用特点方面的多维度表现。我们不仅对规约性间接否定、非规约性间接否定、一般否定进行了对比，还从说话人与听话人的不同视角深入剖析了规约性间接否定的生成动因、理解机制以及其与其他两者之间的显著差异。

在词汇层面，我们观察到多种类型的规约性间接否定现象。韩国语中的否定极性副词"전혀""별로""그다지"与汉语中常与否定词共现的副词"岂"在功能上展现出相似性。另外，我们分析出韩国语的"왜"与汉语的疑问代词在语义功能和使用范围上颇为相近。此外，韩国语还利用形容词"괜찮다"或叹词来传达否定意义，而汉语则通过情态动词"能""会""敢""肯"等实现间接否定的表达。在特殊结构方面，韩国语的"X 무슨 X""X 뭘 X""X 뭐가 X""X 어디 X"与汉语的"X 什么

X"均属于含有疑问代词的特殊结构。同时，韩国语的
"X 같은 소리하고 있다"与汉语的"宁肯 / 宁愿 / 宁可 +
小句"等固化结构也构成了规约性间接否定的重要组成
部分。从句式角度来看，汉语与韩国语的疑问句、条件
句、选择句以及反语形式等均能成为规约性间接否定表
达的有效载体。

对于非规约性间接否定，汉语与韩国语均展现出了
丰富的表达形式。这些形式包括但不限于转移话题、间
接暗示、叙述事实、阐述原因或理由以及模糊表达等，
它们是非规约性间接否定多样性的重要体现。

在语用功能方面，汉语与韩国语的间接否定既存在
共性又各具特色。汉语间接否定侧重于委婉表达、强调
效果以及突显主观情态；而韩国语间接否定则更多地强
调委婉与谦逊、主观态度的表达、面子的维护以及主观
情态的调节等。

在规约性间接否定的使用机制上，说话人往往出于
"维持面子""保护自我"以及"表达情感"等需求而选
择使用。值得注意的是，无论是汉语还是韩国语，在规

约性间接否定的形成过程中都不可避免地违反了"方式准则"。而对于听话者而言，根据关联理论我们可以推导出规约性间接否定是听话人通过"直接推理"过程得以理解的。

第五章

个案分析——汉韩疑问词的否定功能对比分析

诸多语言的疑问词在句子中不仅传达疑问之意，往往还承载着否定的功能。本章聚焦于汉语中的疑问代词"什么"与韩国语中的疑问词"무엇"，通过采用对比功能分析方法，深入剖析这两者在运用特点及功能上的差异与共性。通过对"什么"与"무엇"的对比，旨在让读者更全面地把握汉语、韩国语中疑问词的非疑问用法，特别是它们在表达否定意义时的异同，进而深化对汉语本质的理解。

疑问词的否定用法指的是这些词汇在不借助任何否定标记的情况下，仅凭其疑问结构本身便能传达否

定的意义。邵敬敏（1989）、李一平（1996）、寿永明（2002）、刘睿研（2006）、姜炜与石毓智（2008）、朱军（2013）、袁毓林与刘彬（2016）等，均从不同维度对汉语"什么"的否定用法进行了深入探讨，详尽地描述了这一现象并给出了合理解释。而在韩国语领域，尽管장소원（1998）、김영란（2003）、이은섭（2003）、정윤희（2005）、김명희（2006）等在疑问词或疑问句的研究中偶有提及否定用法，但尚未有专门针对此现象的专题研究。此外，张尹琼（2005）、李花子（2010）、严现秀（2014）等在进行汉韩疑问词非疑问用法的对比研究时，也不同程度地研究了否定用法。但整体而言，韩国语方面的相关研究仍显零散，且多夹杂于非疑问用法的研究之中。值得注意的是，现有的对比研究多呈现单向性，例句选择也往往以汉语为出发点去寻找对应的韩国语表达，这种做法未能全面反映韩国语的实际使用情况，缺乏系统性。

黄国文（2017）曾指出，语法分析与语言分析是语篇分析与话语分析的基础，我们需要从语言形式对意义

体现的角度进行分析。因此，在探讨"什么"与"무엇"的否定用法时，我们也需从语言形式如何体现意义的角度出发。首先基于统一标准对两者在各自语言中的分布特点进行系统描述；随后再从语法、语义、语用及功能等多个维度进行深入对比分析。值得注意的是，以往对比研究中所采用的例句多为典型性较强的例子，而在实际语料收集中，笔者发现疑问词否定用法的使用环境与表达形式远比想象中复杂多变。为此，本书所选取的汉语例句均源自 CCL 语料库与 BCC 语料库，而韩国语例句则来自世宗语料库（涵盖书面语与口语），力求最大限度地还原真实的语言使用场景。

5.1 "什么"和"무엇"的分布特点

依据语言的线性特质，疑问词与否定焦点的位置关系展现出两种典型的模式：首先是否定焦点前置，随后紧跟疑问词；其次是疑问词居于前位，否定焦点在其后。

在汉语中的"什么"与韩国语中的"무엇"这两种词汇的否定用法中，我们均能发现这两种位置关系的实例。此外，"什么"与"무엇"在话语交际中还展现出一种独特的能力，即它们可以脱离其他成分而独立存在，用以直接表达否定的意义。

5.1.1　汉语"什么"否定用法的分布特点

寿永明（2002）、卢素琴（2005）、刘睿研（2006）、姜炜与石毓智（2008）、朱军（2010）、袁毓林与刘彬（2016）等学者从位置关系和词性特性的视角出发，对汉语的"什么"否定用法进行了详尽的句法结构描写。然而值得注意的是，由于划分依据和角度的不同，他们所涉及的句式形式在一定程度上呈现出了多样性。在剖析并总结前人研究成果的基础上，本书力图全面而系统地梳理"什么"的否定用法，最终将其归纳为三大类，并进一步将其细化为六小类，旨在提供一个更为清晰、全面的理解框架。

5.1.1.1 "V+ 什么（+X）"类型

该句式将否定焦点"V"置于"什么"之前。在此结构中，"V"作为核心元素，其功能不仅限于作为谓词性成分的担当，也可以使用其他多种成分。后面的"X"则作为"V"在形式上的某种重复或是名词短语（NP）的具象化。根据语言结构由简单到复杂的自然演化规律，我们可以将"V+ 什么（+X）"的否定用法细化为以下三大类别。

1. "V+ 什么"结构

92. 江父生气道："**你跑什么呢**？不是让你在楼上寸步不离地守着小姐吗？……"

93. 问：大家确实对您比较感兴趣。最好的办法还是回去一趟。有这个计划吗？

答：**我去了看什么**？使人看到我？钱锺书说，只要看到鸡蛋就好了，不需要看到老母鸡。

94. 你无非是怕他跑了，他跑了也不找你，也不上访，**你怕什么**？

95. ……收好钱的人不再理我，开始他的叫喊："饼啊！饼啊！谁来买饼啊！"我问他："怎么还不给我呢？香肠要焦了！"他说："**给什么**？你又没有付钱呀！"

96. ……好不容易要来的票，买都买不着，亲朋好友那儿好不容易弄来的票，跟太太两个人打扮好了，准备出门了，一出门碰上几个同事，来看你来了，**那我能说什么啊？** 来看你那我就陪着看吧。我一会儿看看表，人家还问我，不干扰你吗？我说不干扰吧。那就再坐一会儿，看到你太高兴了。一会儿老婆也看看表，问影响吗？**她敢说什么啊？** 不影响，人家就说再聊一会儿吧……

97. "周敏，我还漂亮吗？你还喜欢我吗？""哎，像个猪八戒似的，**漂亮什么**？我才不喜欢你哪。"

98. 婶婶说："你和那个姑娘又遇见吗？她真是个好姑娘。……唉……唉！"侄儿向她说："婶娘你**唉唉什么呢**？我要娶她哩！"

例 92 至例 95 的否定焦点是动词性成分，它们通过"不需要／不用／不该／别＋动词"等结构传达出明确的否定意义。而在例 96 中，句式构造稍显复杂，通过在动词"V"前添加表达能愿或可能性的助动词，如"能""敢"等，再辅以"V＋什么"的结构，使得否定的焦点转移至这些助动词之上，进而传达出"不能""不敢"等不存在执行动作"V"的可能性或意愿的否定意义。值得注意的是，尽管这些句式在结构上可能引发双重解读，但在实际的话语交流中，通过具体的语境能够清晰地区分其否定含义，而非疑问用途。例 97 中否定焦点是形容词性成分。这类否定往往针对形容词所描述的性状之合理性进行否定，即表达"不 A"的意思。此外，除了动词和形容词外，叹词、副词等其他成分在特定情境下也可出现在"V"的位置，用以表达否定意义，如例 98 所示。另外，"V＋什么（＋X）"这一结构在前后文中，往往会伴随着申述性小句的出现，这些小句旨在对否定内容进行进一步的补充说明，从而强化"什么"所承载的否定意义，使得整个句式的否定效果更加鲜明和确定。

2. "V+ 什么 +V" 结构

"V+ 什么 +V" 结构的显著特点是动词 "V" 主要由单音节构成，或是由形容词转化而来。相比之下，双音节及多音节词在此结构中的出现频率显得较为有限。另外，该句式中 "什么" 前后的动词 "V" 是完全一致的，这种重复使用的结构赋予了该结构独特的韵律与节奏感。基于上述特点，袁毓林和刘彬（2016）将该结构称之为 "V+ 什么" 的复用形式。

> 99. 当长海浑身泥血，躺在地上一动不动的时候，他爹才歇了手，对围观的人吼起来："**看什么看**，死了人有什么看的！你们给出殡吧！"人们散开了。
> 100. 万驼子不耐烦地喝道："**吵什么吵**？不愿意做的现在就可以走。"

从例 99、例 100 中我们不难发现，这一结构主要承载着禁止或劝阻的语用功能，其核心意义在于传达 "请勿 / 不应 / 不当进行 V" 等指令性信息。在此结构中，

"V"的句法特性与"V+什么"结构中的"V"保持了高度的相似性，体现了语言结构内部的一致性。进一步剖析其结构特征，"V+什么+V"相较于"V+什么"，仅仅是在原有基础上增加了一个重复的"V"。从表面看，两者在否定意义的表达上似乎并无显著差异。然而，当我们引入刘睿研（2006）所提出的"信息量与语言表达长度及复杂度成正比"的数量象似性原则时不难发现，这多出的"V"实则承载了额外的信息负荷。这一额外的"V"在句中起到了强调与加重语气的作用，使得整个句式在传达不满（或表达谦逊）的情感时，更加凸显了说话者的情绪色彩，从而放大了情感的表达力度。由此可见，这一重复出现的"V"在语用层面具有其独特的价值。此外，"V+什么+V"结构在解读过程中并不依赖于特定的语境因素，便能直接而明确地表达其否定含义。同时，该结构本身也避免了多重解读的可能性，确保了信息传递的准确性和清晰性。这一特点使得"V+什么+V"在语用因素的规范下，逐渐固化并形成了特定的句法模式，即发生了句法化（Syntacticization）现象。在汉语的语言体系中，它已演变为一种专门用于表达否定意义的固定结构。

3."V+ 什么 +NP"结构

在这个句式构造中，"V+ 什么 +NP"的结构模式普遍呈现出一种动宾关系的特性，这是由于"什么"疑问词嵌入原本紧密相连的动宾组合"V+NP"之中，起到了分隔与询问的双重作用。所以，刘睿研（2006）、袁毓林与刘彬（2016）等将此类句式称为"插入式"。

> 101.元旦怎么过？领导——对老婆说：吃饭！睡觉！对美女说：吃个饭，睡个觉。对情人说：吃吃饭，睡睡觉。对小蜜说：吃饭饭，睡觉觉。对员工说：**吃什么饭！睡什么觉！**统统加班！
>
> 102.他紧张地往后缩了一下。**要什么花招！**好，等着瞧吧。
>
> 103.娘说："我可先说给你，大闺女老是跟着云涛在一块儿，不怕人家说闲话？"春兰抢着说："无风树不动，要动就有风，**说说要什么紧哩**？"

104. **"你们俩的事跟我道什么歉呀！"** 大娘把空碟收
入木盘，临走又小声说，**"她不会真生气，装着
玩的，女孩子都这样儿！"**

　　例 101 至例 104 体现了说话者所传达的劝阻、禁
止或责备之情。通常而言，此类句式中的动宾结构
"V+NP"常被视为离合词，但值得注意的是，如例 102
与例 103 中的"要紧""道歉"等，这些在常规情况下不
易拆分的非离合词，在插入"什么"之后，也能实现否
定功能。在笔者搜集的语料库中，发现大量此类看似违
背传统语法规则的"V+ 什么 +NP"例句，它们大多源自
口语环境，进一步印证了这一语言现象在口语交际中的
广泛应用。此外，当"V+ 什么 +NP"结构与表示否定的
离合词结合使用时，口语中往往存在一种省略现象，即
省略掉"NP"，如例 101 与例 102 中的该成分可简化为
"吃什么！睡什么！""要什么！"，这种省略不仅简化了
表达，还增强了口语的生动性和直接性。

　　刘睿研（2006）、陈瑾琳（2017）等还深入探讨了

"V+ 什么 +NP"的拓展结构，其中"有什么 +X"这一结构尤为常见，其使用频率极高。"X"的位置灵活多变，可由名词性、动词性或形容词性成分充任。尤其是当动词性成分置于"有什么"之后时，前方常可添加"值得""可""好"等修饰词，用以表达"不值得 V""没有必要 V"等复杂语义，如例 105 与例 106 所示。

> 105.……中国那时候不感觉有联络外邦的必要，并且外夷岂不是蛮貊之邦，不知礼义廉耻，**与他们往来有什么好处呢？**他们贪利而来，天朝施恩给他们……
>
> 106.……身在江湖这么多年了，那点羞怯在家乡卖唱时就磨光了。年岁大的瓦罗加也说，苏联都没了，**我们这些小人物又有什么值得害臊的呢？**

5.1.1.2 "什么 +X"类型

"什么 +X"是疑问代词前置、否定焦点在后的否定句式。依据"X"的词性特征，此句式可细分为两大类别："什么 +NP"与"什么 +VP"。

　　1."什么 +NP"结构

107.（……几个村民四处寻找医生，可是没一个医生
　　　理会他们）柯幸瑶：这是怎么回事？（柯幸瑶走
　　　出病房，问一个医生）一位村民：**你们这是什么
　　　医院**？我们也是人啊，躺在那里等死吗？医生：
　　　要闹出去闹！医院已经满了，根本就没有人手，
　　　你们就不要再添乱了。

108.姚国栋："小虎，妈妈欢喜，你别。"小虎（一手
　　　把昭华挡开）："不要嘛，就是不要。"昭华（笑
　　　着走过去，劝他）："小虎，我去给你收拾，收
　　　拾好了你再。"小虎（怒目而视）：**"什么妈妈，
　　　妈妈。"**

　　"什么 +NP"结构否定的是"NP"代表的事物所具有
的某些方面的属性、性质或状态，如例 107、例 108。所
以，该结构往往否定"NP"不及某种"标准"或不符合

某种"资格"，即否定该事物称为"NP"的适宜条件。如例107中"医院"应该是向病人提供医疗护理服务的机构，但是后续申述句中指出该医院没有对病人进行及时救治，因此未履行医院应该履行的职责。所以说话者用"你们这是什么医院？"来表达否定，即该医院"不符合医院的标准"。"什么+NP"可以有多种解释，即否定褒义词或中性词时一般可以解释成元语言否定或真值否定，否定贬义词时产生不同的语义否定。[1] 所以，该结构的否定义需要依赖语境确定其用法，其前后也往往出现申述性小句，对否定内容加以说明。

2."什么+VP"结构

在"什么+VP"的结构中，"VP"的构成既可以是单一的谓词或谓词性成分，亦能包容一段句子。

109.高城看着史今的表情，后者有些<u>悲伤</u>，也有些<u>愤怒</u>。史今："在<u>抢救</u>……连长，帅吗？"高城：

---

[1] 有关"什么+NP"结构的多种解释，详见刘睿研（2006：14-15）。

"人还好？"高城："帅？……**什么帅？**"

110. 她气得哇哇大叫，"我恨死你了！龙哥。从认识你到现在，没像这次快让你给气死了！你是打定主意不爱我是不是？**什么学习爱情嘛！**学了半年，还没学到吗？连吻都不愿吻我，太逊了！……"

111. 谢跃进苦笑道："我现在都吃怕了，真想天天回家吃点素的。"贺玉梅心里好笑，就说："我们厂办主任老郭就跟你一样的，天天陪客吃白食，还卖乖。**什么吃得太痛苦了**，好像让你们去受刑似的。"

112. "你帮元卿查完资料后，到我那儿走一趟。"……她出了书房就直奔元卿房里，还边跑边自言自语。"**什么去他那儿走一趟**，姑奶奶我才没那闲情逸致，让他慢慢等吧！"

"什么 +VP"结构在语言表达中，主要扮演着对对方话语进行反驳或对对方的观点予以纠正的角色。具体而言，这种结构在运用时其否定的对象可以灵活多变。例如，在例 109 中，否定的焦点直接落在了单一的形容词上，展现了一种直截了当的否定态度；而例 110 则否定动词性成分。至于例 111 与例 112，则更是将否定的范围扩展至整个句子，无论是直接引述对方的话语，还是间接揭示对方话语中隐含的某种性质或状态，都成为这种结构的否定对象，即交际中对方"言之所述"的内容。值得注意的是，例 111 与例 112 通过直接引述交际对方的话语，明确地展示了"什么 +VP"句式在引述性否定中的典型运用。这一特点在姜炜与石毓智（2008）的研究中也得到了印证。他们指出，在汉语中当需要否定一个完整的句子时，"什么"总是前置，与后续的内容构成"什么 +X"的结构，从而实现对长句引述的有效否定。[1]

---

1 "什么 + 引语"结构可以说是"什么 +NP"和"什么 +VP"的复合式，结构上与上述两种结构无本质性的差异。刘睿研（2006）谈到"什么 + 引语"结构无论语法性质如何、实际形式多么复杂，它都相当于一个指称性成分。本书同样认为，虽然言者引用了部分或全部"引语"，但要否定的只是某段表述中言者认为不赞同或反感的部分。另外，言者的否定焦点都来源于交际对方的"言之所述"，所以没有单独划分出"什么 + 引语"结构。

此外，刘睿研（2006）、姜炜与石毓智（2008）、陈瑾琳（2017）还共同关注到了"什么 +X 不 X（的）"这一特殊结构。例 113、例 114 就是这种结构的例句。

> 113. 后来她终于看完了一段，抬起头来看我舅舅，把他上下打量了一番后，面露笑容，偏着头嗑了一粒瓜子，说："挺帅的，不是吗。"我舅舅在心里说："**什么帅不帅，我可不知道。**"
>
> 114. ……两道秀气的细眉，不知道为什么描成竖的。脸部的肌肉和脂肪，也不知为什么十分协调地下垂半公分之多。"说呀！""我，我没看。"**什么看不看，问你喝什么！**"

一般来说，"什么 +X 不 X（的）"结构中的"X"，乃是交际对话中对方已明确提及的引用元素，用以表达说话者对于"X"所代表的事物或行为的回避态度，透露出一种不愿深入讨论或提及的情绪。此处的"X"成分展现出了较高的灵活性，不仅限于名词、动词或形容词，其词性选择相当宽泛，几乎不受任何限制。

　　笔者还进一步观察到，该结构在解析层面上与"V+什么+V"结构有着异曲同工之妙，皆属于一种高度凝固的语言现象，它们不依赖于特定的语言环境，而是直接、明确地传达出否定的意义，构成了一种固定且强有力的表达方式。

5.1.1.3 "什么"独用

　　当"什么"单独用于表达否定意义时，它往往伴随着语气词"呀"。此外，这一组合更倾向于出现在话语的起始位置，即句首，从而立刻引起听话者的注意，明确地传达出说话者的否定立场或态度。

115. "妈！！"丽鹃声调有点提高。这个震惊比较大。丽鹃将目光的交点集中在起居室沙发后面的墙上。原本那幅《大浴女》，那幅著名的《大浴女》！现在下面拉了几排绳子！在画面的主要部分，挂上了贺年卡！**"什么呀**！这是世界名画！你看这家搞的！哎！"

116. "是的，他开刀技术是一流的。不过我父亲这次没开。""我一看他下的那些猛药，就知道。哈哈！他可是著名的谭一刀啊！""是的。""**什么呀**！见人宰一刀！"
117."你真刻苦！""**什么呀，你才是学霸。**"（引自袁毓林）

"什么"单独使用时可以被视为其他"什么"类否定用法的缩略形态。在功能层面上，"什么呀"不仅能够有效传达对对方观点的全然不认同，更蕴含了一种不满或轻蔑的情感色彩，正如例115和例116所展现的。同时，它也能在适当的语境下表达出自谦或礼貌的态度，如例117所示。依据语言学的数量象似性原则，即"信息量的大小与语言表达的长度和复杂性成正比"，当面对包含多个否定焦点的对方话语时，"什么呀"由于其结构本身并未明确指向具体的否定对象，因此往往需要借助额外的阐述性成分来明确界定否定的具体内容与范围。

5.1.2　韩国语"무엇"否定用法的分布特点

属于黏着语范畴的韩国语在展现多样化的句法功能

时，其疑问词呈现出了显著的形态差异。在对应于汉语的"什么"这一概念上，韩国语提供了两种主要的表达形式：疑问代词"무엇"以及疑问冠形词（或称限定词）"무슨"。[1]具体而言，"무엇"在实际的交流语境中，可灵活变化为"뭣""뭐""머"等多种缩略形态。这些变体虽形式各异，却共同承载着询问具体内容的功能。而"무슨"作为疑问冠形词，同样在表达上可缩略为"뭔"。

本书基于韩国语疑问词的分类及其使用习惯，剖析了"무엇"在否定语境下的运用规律，将其划分为三大类六小类。

5.1.2.1 "X+무엇"结构

在这个结构中，否定焦点"X"的位置置于疑问代词之前，其位置的选择依据"X"的词性特点及其内在结

---

1 韩国语的疑问冠形词"무슨"是从疑问代词"무엇"中分离出来的，所以其基本形式为"무엇"。为了方便阐述，本书在分类时将疑问代词和疑问冠形词统称为疑问词"무엇"，具体句式里用相对应的表达形态进行区分。

构，可划分为三个类别："VP+ 무엇""NP+ 무엇" 以及
"X+ 무엇 +X"。

1. "VP+ 무엇" 结构

118. 굉장히 평이 길어요 걔는. 나는 요거 두 줄 있
　　　단 말이야. 어떻게 보면 되게 좋은 표현인데,
　　　최우수상한테 그런 표현을 하면, 아 ~ 그러려니
　　　할 수 있지만, **우수상 줘 놓고 그런 얘기하면 뭐**
　　　야, 넌 이 레벨이 한계다. 못하는 건 아니지만
　　　잘하는 것도 아니다 그 소리니까 ...

119. (승부차기 끝에 패한 안양이 포항을 상대로 또
　　　연장전에 들어가자) 에이 ~. **그렇다고 연장까지**
　　　갈게 뭐람.

120. "아니, 벌써?" **"벌써가 뭐야**, 20 여 일이 지났는
　　　데." "벌써 그렇게 됐나. 그 동안 참 재미있었다."

例 118、例 119 中所传达的信息相当于汉语中的"不
要 / 不用 / 不该 / 别 + 动词"否定义。深入句法结构的

层面，韩国语中的否定句展现出了助词与语尾形式的多样性。"무엇"能够与诸如"－야""－ㄴ가""－니""－나""－ㄴ데"等表疑问的终结语尾灵活结合。否定焦点亦可与表达假定的连接语尾或其他助词搭配使用。从语法分布的角度审视，尽管不同的助词与语尾各自承载着特定的语法意义，但这些变化并未触及否定语义的核心，即未改变否定本身的意义。然而，它们的作用在于丰富了说话者的表达方式，为语言表达增添了丰富的感情色彩。例如，"－니"与"－나"同为表疑问的终结语尾，但"－니"在韩国语中往往传递出一种更为亲切与温柔的感觉，相较于"－나"更显温和。在例120中，否定的焦点明确指向了交际对方的引述性内容，且该焦点由副词构成。值得注意的是，上述例句中的否定焦点均聚焦于交际对方的"所言之事"。其中，例118与例119采用间接引述的方式，而例120则是直接引述。

此外，"VP+무엇"这一结构中的"VP+뭐가 있+表疑问的终结语尾"形式，在韩国语中频繁用于否定表达，如例121、例122、例123。

121. 아니, **노친네한테 밉보여서 좋을 게 뭐 있어…**

122. "넌 내게 처녀를 바쳤어. **우리의 사이가 비밀
될 게 뭐 있나?** 이곳에서 신세진 분들께 떳떳
이 인사하고 둘이서 떠나자.…"

123. 지금 무슨 말을 하는 거야? **내가 속일 게 뭐가
있다고.**

　　这个结构的显著特征在于，VP 与其后紧随的依存名
词 "–것" 构成了具备名词性质的 "V 것"。此结构本质
上是在传达 "有什么 VP"，而一旦进入否定语境，则转
变为 "没什么 VP" 的表述。

　　此外，如例 123 所示，"VP+ 뭐가 있다고" 是一个
专用于表达否定意义的固定搭配。究其原因，在于终结
语尾 "–다고" 本身即蕴含了讥讽与否定的色彩，当它与
"VP+ 무엇" 相结合时，这种否定意味得到了进一步的强
化与明确，使得整个结构仅能承载一种纯粹的否定表达。

　　2. "NP+ 무엇" 结构

　　韩国语的 "NP" 涵盖了多种元素，主要包括人称代

词和一些特定的专有名词。

> 124. 이 개자식아! **니가 뭐야!** 니가 뭔데 날 이렇
>   게 만들어! **니가 뭔데!**
> 125. 아빠도 미워! 아빠 나빠! 아빠가 뭔데 내 다
>   리를 잘라! **아빠가 뭔데!**
> 126. "이 바보야, 네 얼굴이 **그게 뭐냐?** 징거미도
>   아니고 게도 아니고."

"NP+무엇"的句式结构的实质在于对"NP"未能达到某种"标准"或不符合特定"资格"的否定，即否定了该事物作为"NP"的合理性或适宜性。以例124为例，其中的"NP"采取了第二人称"니"。在直观层面上，我们或许难以直接界定"니"所缺失或未达到的具体资格或标准。然而通过交际语境，我们可以洞悉出"니"在说话者所设定的某个维度上并未达标，从而实现了否定意义的传达。同样地，例125也沿用了这一逻辑，只不过是将"니"替换为了"아빠"，说话者在此表达的是对

"아빠"在特定事务上缺乏资格或能力的看法。再来看例 126，冠形词"그"与依存名词"‑ 것"结合，形成了"그것 + 이 [助词]"，进而在口语中简化为"그 게"。在韩国语中，冠形词"그"具备指代功能，它在此例句中充当了引述性内容的替代者，即指向了"脸色"，进而传递出"脸色不佳"的否定性评价。

　　值得注意的是，在韩国语的"NP+ 무엇"句式框架下，还存在两种能够不依赖于具体语境而直接表达否定意义的结构："人称代词或一些专有名词 + 뭔데"以及"X 이 / 가 이 / 그 / 저 게 무엇 + 终结语尾"。这两种结构以其独特的构成方式，使得否定意义的传达更加直接。

127. ……산모와 직접 통화는커녕 남편들로부터 '**당신이 뭔데 조사하느냐**' '변호사와 먼저 상의할 테니 전화 끊어라'는 등의 답변을 듣고 있다 .

128. **대체 네가 뭔데** 형한테 고통을 주냐 ?

129. 원고를 쓰면 돈이 생기고 이름도 나고 책으로
　　 남기도 하지 않느냐? **그런데 내가 하는 일이 이**
　　 게 뭐냐? 아무리 해도 무슨 보람이 없다.
130. 더 먹어! **먹는 게 그게 뭐니?** 뭐든지 남자들
　　 은 이빨로 먹는데 여자들은 혓바닥으로 깝죽깝
　　 족 먹드라, 좀 과감하게 먹어.

　　例 127、例 128 运用了"人称代词 + 뭔데"结构，例
129、例 130 采用了"X 이 / 가 이 / 그 / 저 게 무엇 + 终
结语尾"的结构。这些例句展现了一种高度规约化的现
象，它们各自的意义明确，解读起来无须依赖复杂的上
下文语境。[1] 当我们尝试从例 129、例 130 中剥离出其冠
形词成分"이 게"与"그 게"时，原本清晰单一的语义

---

[1] 方梅（2017：133）谈到规约化（conventionalization）有两种意义，
　　一是指语法化过程的第一步，特定的句法结构逐步专门用于某种特
　　定的功能；另外一种意思是指，在语法化的初级阶段，特定的组合
　　形式或者结构常常用于表达某种意义或者体现某种特定的功能。目
　　前，韩国语"NP+ 무엇"结构只有"人称代词或一些专有名词 +
　　뭔데"结构和"X 이 / 가 이 / 그 / 저게 무엇 + 终结语尾"结构用
　　于表达否定专用，所以本书将此结构归为一种规约化现象。

会呈现出多重解释。这说明正是这些冠形词成分赋予了这些句子以独特的否定表达功能，使它们能够作为表达否定意义的固定结构而存在，一旦这些冠形词成分抽离，其独特性与固定性便会消失。

5.1.2.2 "무엇 +X"结构

该结构的具体表现形态受"X"词性的影响。当"X"作为谓词性成分时，疑问词的具体形式会依据语法规则而有所变化。在此情境下，疑问代词"무엇"与"X"结合，通常会形成"무엇을 +V"和"뭐가 +Adj"这样的表达方式。而当"X"为体词性成分时，疑问词的形态也会相应调整。此时，疑问冠形词"무슨"会与"X"结合形成"무슨 +NP"的结构。在口语交流中，上述结构还经常出现缩略形式。常见的缩略形式包括"뭘 +V""뭐 +V"以及"뭐 +Adj"等。

1. "무엇 +VP"结构

131. 날 죽여서 미단을 가질 수 있다면 날 죽여！어서 나와！나와서 그 후룽한 칼솜씨로 내 목을 찔러！**뭘 망설이나**. 어서 나와서 날 찔러！

132. 선생이면 다냐？무슨 선생이 우리나라 말도 못 알아들어？**선생이 뭐 대단하다고？**
133. ... 부모에게도 연락해서 사고를 사전에 방지해 야지 어쩌자고 이렇게 방치해 두었습니까？**이 젠 학부모에게 뭐라고 말하겠습니까？**

在"무엇 +VP"的结构中，"VP"通常包括动词和形容词，其功能在于传达说话者对对方话语的异议或是对其观点的纠正。这一表达同时还隐含了说话者内心的不满、愤怒乃至谦逊等情感。进一步观察，我们不难发现，在特定语境下，如例 131 所示，"무엇을"会自然地缩略为"뭘"。而在例 132 中，助词"-가"则直接被省略，这类现象在韩国语的口语表达中常见，其对整体语义的传达不构成任何障碍。再者，我们深入探讨"VP+ 무엇"这一结构时会发现其中的助词与语尾选用相对灵活。例如在例 133 中，疑问代词缩略形式"뭐"后紧随的是常用于否定语境的助词"-라고"，这样的搭配不仅强化了语句的否定意味，还使得整个表达更加生动，进一步凸

显了说话者的情感与态度。

2. "무슨 +NP"结构

韩国语冠形词"무슨"在句子中通常置于名词性成分之前，起到修饰与限定的作用。更为重要的是"무슨"还能表达一种强调的反义效果。

134. "뭐야? 하여튼 우리 집 애들은 못 말려." "**내가 무슨 애야?** 언니도 참 …"

135. 정변에 가담한 일본군 몇몇이 죽은 것이 **무슨 대단한 일이라고** 일본측은 기한을 정해 범인을 잡아들이라느니 배상을 하라느니 협박하는가?

136. **사내애가 무슨 인형놀이냐,** 계집애같이.

137. 이 큰 도시의 복판에 이렇듯 철저히 혼자 버려진들 **무슨 상관인가?**

例 134 否定的是名词"孩子"，意思是说话者认为不适宜称为"孩子"，即不符合"孩子"的标准。例 135 否定的是名词性成分"天大的事"，当"NP"有修饰语

时，该句式表达的是"NP 不具备修饰语所指代的性质或者具备程度远远不够"，意思是"算不上天大的事"。例136 否定的是名词"娃娃游戏"。虽然"娃娃游戏"属于名词，但"游戏"一词本身包含行为属性，所以这类词与"무슨"结合后在韩国语中表达的是"劝阻、禁止"等义，意思是"不要玩娃娃游戏"。例137 否定的是名词"关系"，不过该词在句中表达的是"干涉"的意思，解释为"没有关系"。我们可以看出，虽然例134 至例137 否定的都是名词性成分，但根据具体词义的不同，所表达的语义也存在差异。例134、例135 都表达了"NP"所指的事物达不到某种"标准"或不符合某种"资格"，否定了该事物称为"NP"的适宜条件。例136、例137 中虽然都是名词性成分，但词义中都包含行为属性，此类名词与"무슨"结合后往往表达的是不同意对方的行为或纠正对方的观点。

作为"무슨 +NP"结构的拓展形式，韩国语中还有以下形式的否定表达。

138. 제가 **무슨 돈이 있습니까?** 그러나 땅값만 맞으면 사지요.

139. 태진이는 밥을 맛나게 먹었습니다. 그러고는 "나중까지 잊지 않고 이 은혜 갚을게." 했습니다. "이게 **무슨 큰 은혜가 되니?**"

140. 할레나의 수웨덴 건물이 그들에게 **무슨 해를 끼친단 말인가.**

"무슨"后的名词与动词相结合，成为动词短语。例138 中，"돈이 있다"意味着"存在金钱"；例139 的"큰 은혜가 되다"表示"成为巨大的恩惠"之意；例140 中的"해를 끼치다"表述的是"造成损害"的意思。当整个结构形态成为"무슨 +N+V"时，否定的焦点落在动词性成分之上。因此，例138 的深层含义可解读为"不存在金钱"，即"没有钱"；例139 理解为"无法构成显著的恩惠"，即"算不上什么恩惠"；例140 则表示"不会造成任何伤害"，即"不会伤害"。

3. "X+ 무엇 +X" 结构

"X+ 무엇 +X" 结构中的 "X" 若保持一致，即前后 "X" 相同，其用法根据 "X" 的词性不同而有所变化。若 "X" 为谓词性成分，即动词或动词短语，我们通常采用 "VP 기는 / 긴 + 뭐 +VP" 的形式来表达。若 "X" 为体词性成分，即名词或名词短语，则使用 "NP 은 / 는 + 무슨 +NP" 的结构。

141. 아낙의 "학생" 소리에 재구가 깜짝 놀랐다. 방범대원이 그를 돌아보았다. 허허허 ... **학생은 무슨 학생** ...

142. 한수: 돈 좀 벌었어요? 원기: **돈은 무슨** ... 그래, 넌 어때, 돈 좀 모았어?

143. "힘들겠지만 우리, 견뎌봅시다." "**견디긴 뭘 견뎌요**. 아무런 의미가 없어요."

144. "비싸지 않아요 손님. 이건 다른 물건하고 틀려요." "**틀리긴 뭐가 틀려**."

例 141、例 142 中的"X"是体词性成分，例 143、例 144 中的"X"则为谓词性成分。从结构层面剖析，"X+무엇+X"的句式架构实为"무엇+X"句式的复用形式，其句法特征亦与后者基本相同，具有高度的相似性。尤为值得一提的是，前置的"X"在此不仅充当了信息量扩增的角色，还融入了说话者的情感色彩，使其态度表达更为鲜明。这一现象也再次印证了"信息量越大其语言表达就越长越复杂"的数量相似性原则，同时也凸显了重复使用的"X"所蕴含的独特语用价值。"X+무엇+X"作为句法化现象的产物，其在实际应用中已逐渐稳固成形，无须额外语境的辅助，便可让人直接领悟其内含的否定意义。此外，"NP은/는+무슨+NP"在口语交流中常展现出一种灵活性，即后置的"NP"部分可被省略后简化为"NP은/는+무슨"的形式，如例 142 所示。[1]

1　该结构在口语中省略"NP"时，只允许省略后面的"NP"。如果省略前面的"NP"，该结构则变成"무엇+NP"，也就失去"NP은/는+무슨+NP"负载的更多信息。省略了后面的"NP"既可以起到与"무엇+NP"结构的区别作用，也保留了该结构特有的情感信息。

5.1.2.3 "무엇"独用

当韩国语的"무엇"单独使用来表达否定时，一种常见的表达方式是结合疑问代词"무엇"与适当的语尾形成"무엇 + 语尾"的结构。这种结构往往被置于说话者话语的起始位置，即句首。其后往往跟随一个阐述性或说明性的小句，用以进一步解释或阐明前文的否定意义。通过运用这样的表达方式，说话者不仅能够明确地传达出否定的态度或观点，还能在后续的申述性小句中详细阐述其否定的理由或依据，从而使得整个句子的内容更加详实，也更易于被听话者所理解和接受。

145. 가장 가까이 앉은 희은이 수화기를 집어들며 제법 베트남말을 흉내냈다. "**뭐야**, 한국사람이잖아. 베트남어로 대답 좀 해주려고 했더니."

146. "하여간 요즘 여자들 교양 없기는." "**뭐야?** 니가 뭔데 껴들어서 교양을 들먹여."

147. "…우리 나라 말도 못하는 엉터리 녀석한테 헬렐레해서는. 다 늙은 노처녀가 꼴사납게시리!" "**뭐예요?** 어려서 입양된 게 어디 그 사람 탓이에요? 그리고 내가 언제 헬렐레했다고 그래요?"

　　韩国语中的"무엇"（뭐야/뭐예요）在单独使用时，不仅仅是一个简单的疑问词，它更多地承载了说话者对于对方观点的不同意或纠正之意，同时伴随着不满、气愤、不屑、诧异乃至意外的情感色彩。例 145 中，说话者原本误将对方视为越南人，但随后在发现判断有误后运用了"뭐야"这一表达，不仅纠正了自己的错误，还透露出了内心的惊讶。例 146 中，"뭐야"的使用则更为直接地传达了说话者对对方观点的不认同。通过随后附加的申述性小句，说话者进一步强调了对方并无资格进行评价，这种双重否定的手法，加深了说话者否定态度的强烈程度。同样，在例 147 中"뭐예요"的运用也

是说话者表达不同意见的经典方式。这一系列例子均展现了"무엇"在元语言否定层面的独特作用，它不仅是一种语言的工具，更是言者情感态度与认知立场的重要载体。

5.2 对比分析

基于对比功能分析方法论，本书首先深入语料库，对表达否定意义的"什么"与"무엇"进行了全面的归纳与整理，其详细结果如表 5-1 所示。此过程我们不仅保留了原文的语种特性，还遵循了原文的意图与核心观点，确保了逻辑上的连贯性。同时，通过运用更加丰富的词汇、短语以及多变的句型结构，力求在内容上实现充实与翔实，深入理解"什么"与"무엇"在否定语境中的具体用法。

表 5-1 "什么"与"무엇"否定用法的句式类型

汉语		韩国语	
V+什么（+X）	——V+什么 ——V+什么+V ——V+什么+NP	X+무엇	——VP+무엇 ——NP+무엇
什么+X	——什么+NP ——什么+VP	무엇+X	——무엇+VP ——무엇+NP ——X+무엇+X
"什么"独用		"무엇"独用	

汉语与韩国语在句式结构上都划分为三大类六小类。如表 5-1 所示，"V+ 什么（+X）"与"X+ 무엇""什么+X"与"무엇 +X"以及"什么"与"무엇"的独立使用，这三类基本形式在两种语言中展现出高度的相似性。然而，深入小类层面，我们不难发现其中的一些差异。"V+ 什么 +NP"这一句式在汉语中独具特色，其对应的韩国语形式"NP+ 무엇"在韩国语中未见。此外，"V+什么 +V"与"X+ 무엇 +X"这两类句式在各自语言中的

应用场景与类型划分上也存在着差异。这些差异不仅限于表面结构的对比，更蕴含了语言使用习惯、文化背景及思维方式的深层次差异。对于其他相同句式的探讨，我们亦需深入挖掘其在使用环境、功能关系等方面的异同点。为了更全面地理解汉韩两种语言在否定用法上的异同，接下来我们将从结构与功能两个维度出发，进行更为深入的分析。

5.2.1 不同结构

第一，"V+ 什么（+X）"结构中的"V+ 什么 +NP"形式在韩国语中并不直接存在。尽管韩国语缺乏与"V+什么 +NP"完全吻合的结构，我们仍能在其"무슨 +NP"句型的拓展形态"무슨 +N+V"中觅得相似的表达效果。这里的"N+V"组合在功能上类似于汉语中的动宾结构，但关键在于该组合必须紧随疑问冠形词"무슨"之后，不得分离使用。进一步而言，两种句式在否定"V"这一动作上展现出了共通性。然而在口语表达中的省略习惯

却存在差异。汉语倾向于省略名词成分"N"，而韩国语则更常省略动词"V"，留下的名词"N"与"무슨"相融合，最终呈现为"N 은 / 는 + 무슨"的形式。[1]尽管这两种句式在功能上达到了某种程度的等价，但在实际使用中，它们并未形成完全的对等关系。汉语的"V+ 什么 +NP"结构有时可直译为"무슨 +N+V"，但更多时候需要依赖其他翻译策略来传达原意。同样地，韩国语的"무슨 +N+V"结构也并非总能通过"V+ 什么 +NP"来准确表达。具体采用何种表达方式，主要取决于动词短语"VP"在具体语境中的功能与含义。

第二，韩国语的"NP+ 무엇"结构是汉语中所不具备的表达形式。与汉语中的"什么 +NP"结合方式形成鲜明对比，韩国语拥有"NP+ 무엇"与"무슨 +NP"这

1　"무슨 +N+V"的省略式为什么不是"무슨 +N"而是采用"N 은 / 는 + 무슨"？我们可以通过如下推导得到答案。"무슨 +N+V"和"NP 은 / 는 + 무슨 +NP"都属于"무슨 +NP"结构。我们谈到"NP 은 / 는 + 무슨 +NP"结构在口语中省略的是后面的"NP"，所以"무슨 +N+V"经过"무슨 +N"→"N 은 / 는 + 무슨 +N"后最终成为"N 은 / 는 + 무슨"。

两类句式。为了深入洞悉汉韩句式间的差异，我们的首要任务是厘清韩国语中这两种结构之间的内在联系与区别。首先，无论是"NP+무엇"还是"무슨+NP"，它们均拥有否定"NP"不符合特定"标准"或"资格"的能力，即否定了"NP"作为某一称谓或分类的适宜性。在此情境下两者间呈现出可替换性。其次，"무슨+NP"句式不仅否定了"NP"的适宜条件，还深入其潜在的行为属性层面，从而对某一行为动作本身进行了否定。最后，谈及否定强度的判定，我们不得不提及语境的重要性。在解读这两类结构时，我们需依托具体语境，因为结构本身即蕴含着多重解读的可能性。而否定强度的变化，更是与助词、语尾的运用以及说话者的语调等多种因素息息相关。故而，仅凭句式结构本身，我们难以对否定强度做出精确判断。从以上分析中可以得出韩国语的"NP"类表达比汉语丰富，功能也相对较多。三类结构的基本用法都可以否定某一事物被称为"NP"的适宜条件，但韩国语"무슨+NP"还可以表达对动作行为的否定。使用上需要注意的一点是，当"NP"有修饰语时，

韩国语只能使用"무슨 +NP"。

5.2.2　相同结构

第一，结构相同的"V+ 什么"与"VP+ 무엇""什么 +VP""무엇 +VP"在使用条件和功能上是否一致呢？首先，这四类结构通常与谓词性成分和引述性内容相结合。区别在于，汉语的"V+ 什么"能够与助动词结合，而"什么 +VP"与单音节动词或形容词结合的情况较为罕见，更多是与引述话语相结合。朱军（2010）指出，"什么 +VP"的"VP"结构越复杂，句式表达否定的可能性就越大。这表明汉语的"什么 +VP"更适合于结构较长的引述性否定。此外，"V+ 什么"与"什么 +VP"在表达方式上也存在显著差异："V+ 什么"表现为反问式否定，能够否定行为、性状、观点等，适用范围较广；而"什么 +VP"则是一种直接否定方式，主要用于否定对方的观点。

在韩国语中，"VP+ 무엇"与"무엇 +VP"的区别在于，当与引述性内容结合时，"무엇 +VP"仅限于引述动

词性成分，限制较多；而与"VP+ 무엇"结合的引述性
成分则相对自由，可以是谓词性成分，也可以是其他成
分或整个句子。另外，"무엇 +VP"结构与一般疑问句相
似，我们可以将其理解为反问式否定，主要用于不同意
对方的话语或纠正对方的观点；由于"VP+ 무엇"可以
结合的形式较多，且"VP"常与依存名词"– 것"结合
形成"VP 것"，这种变化可以将复杂的"VP"视为一个
整体后再进行否定，因此在否定结构较长的引述性内容
时，韩国语更倾向于使用"무엇 +VP"。

通过上述分析，我们发现相反结构的共同点比相同
结构的多，即"V+ 什么"与"무엇 +VP"的功能趋同，
都属于反问式否定，"什么 +VP"与"VP+ 무엇"是引
述性内容的常用结构。在具体用法上，能够使用助动词
的"V+ 什么"结构通常也可以用"무엇 +VP"来表达。
另外，"V+ 什么 +V"与"X+ 무엇 +X"结构相同，两者
作为表达否定义的固定结构，功能也相似，都可以增强
说话者的感情色彩，起到强调和加重语气的作用。不过，
除了与谓词性成分结合外，韩国语的该结构还可以与体

词性成分结合使用。这再次证明了韩国语中"NP"类否定表达比汉语中的更为丰富。

　　第二，汉语和韩国语中都存在着一些特定的句法结构，这些结构被专门用来表达否定的意义。在汉语中，表达否定意义的结构包括"V+什么+V""什么+X不X（的）"等形式。在韩国语中，表达否定意义的结构包括"VP+뭐가 있다고""人称代词或一些专有名词+뭔데"等形式。此外，韩国语中还有"X이/가 이/그/저게 무엇+终结语尾"以及"X+무엇+X"结构来表达否定。在疑问句中，否定的用法在形式上通常没有明显的区分标记，因此理解这些结构时往往需要依赖语境等其他因素。然而，通过添加特定的语言形式，我们可以限定语义，确保这些结构仅表达否定意义。从上述结构可以看出，汉语主要通过重复否定焦点内容的不同结构形式来实现否定，而韩国语则主要依赖于表达否定意义的语尾，如"-다고""-라고""-데"等，以及一些固定结构来形成规约化的表达。这种表达方式反映了两种语言的结构特点，也展示了汉语、韩国语在表达否定时的不同

之处。

第三，关于疑问代词单独使用的情况，两种语言基本相似，通常出现在话语的开头位置。在功能上它们都用来表达说话者的不满、愤怒或轻蔑等情感色彩。唯一的区别在于，韩国语中这类用法不用于表达自谦或礼貌的态度，而在汉语中，有时候疑问代词的使用可以带有一定的自谦或礼貌的色彩。

第四，"什么"和"무엇"的否定用法也存在诸多共性。从对话序列的角度来看，疑问词的否定用法是一种回应行为，通常不会出现在话轮的起始部分。此外，如前所述，"什么"和"무엇"的否定焦点通常属于前一话语的"言之所述"。总体上，"言之所述"可以分为两类：第一类是直接引用的全部或部分内容；第二类是对方话语中未明确表达的否定内容，这种内容是根据对话情境，从对方的话语中推断出来的主观判断，称为间接引述。例如，如果有人问"你觉得这部电影怎么样？"，而回答者说"什么怎么样，根本就是浪费时间！"，这里的"什

么怎么样"就是对前一话语的直接否定，而"根本就是
浪费时间"则是对前一话语内容的间接否定，因为这种
评价并没有在提问中直接表达出来。

5.3　小结

在总结和比较了汉语的"什么"和韩国语的"무엇"
在否定用法上的异同之后，我们可以发现，尽管这两种
语言在句式结构上存在一定的相似性，例如汉语的"V+
什么""V 什么 V""什么 +NP""什么 +VP"以及单独使
用"什么"，与韩国语的"VP+ 무엇""X+ 무엇 +X""무
엇 +NP""무엇 +VP"和单独使用"무엇"有类似之处。
但在实际使用中，它们的功能和适用范围却表现出明显
的差异。

具体来说，汉语中的"V+ 什么"结构和韩国语中的
"무엇 +VP"结构虽然在句式上不同，但在功能上却趋于
一致，它们都经常被用来表达引述性的否定。而在表达

否定名词性成分时，汉语通常使用"什么+NP"的结构，而韩国语则可以使用"NP+무엇"和"무엇+NP"两种结构，显示出韩国语在否定体词性成分时形式更加灵活多样。此外，韩国语中还存在一种特殊的否定句式，即"VP+뭐가 있다고"，它通过使用依存名词"-것"将整个动词短语名词化，从而实现否定的功能，这是汉语中所没有的。

在数量象似性原则下，信息量越大，语言表达就越长越复杂，我们可以看到"什么"和"무엇"的否定用法固定结构实际上是基本句式的扩展形式。汉语在表达否定时，往往通过重复否定焦点成分来明确否定意义，而韩国语则更倾向于使用具有否定含义的语尾或其他固定结构来实现否定。

进一步观察可以发现，汉语中"什么"的否定用法在形式上更倾向于与谓词性成分结合，即"什么"与谓词性成分结合的结构更为常见。在省略表达中，如"V+什么+NP"的结构，通常保留的成分是"VP"。相比之下，韩国语在形式上更倾向于使用体词性成分，"무엇"

与谓词性成分和体词性成分结合的结构各有三类。在"VP+ 무엇"和扩展用法"VP+ 뭐가 있다고"中，通常使用依存名词"- 것"将整个"VP"名词化，"무엇+ N+V"的省略式中保留的成分也是"N"。

综上所述，尽管"什么"和"무엇"在否定用法上存在一些共性，但它们在句式结构、功能应用以及表达方式上都展现出各自独特的特点。汉语和韩国语在否定表达上的差异，不仅反映了两种语言在语法结构上的不同，也揭示了它们在信息量和表达复杂性上的不同倾向。

第六章

♦·······························♦

结　语

　　否定是人类语言共有的语法和语义范畴。作为否定范畴的重要组成部分，特殊否定在汉韩否定研究中占据着关键地位。本研究选取羡余否定和间接否定作为两个主要视角，对汉韩特殊否定进行了深入的探讨。这两种否定在汉语和韩国语中被广泛使用，既展现了特殊否定的典型特征，又各自具有独特性。研究基于传统语言结构分析并结合语用学、认知语言学、语言哲学等理论和方法，从宏观和微观的角度对比分析了上述两类否定。通过研究，揭示了汉语和韩国语中间接否定和羡余否定在语法、语义、语用方面的异同，并从对比的视角阐明了这两类否定的使用机制和生成动因。这不仅有助于寻找特殊否定乃至否定范畴的跨语言共性特征，也为汉韩否定范畴的对比研究开辟了新的领域。

在汉韩间接否定的对比研究中，本书详细分析了间接否定的形态特点、语义特点和语用特点，并结合一般否定句和非规约性间接否定，从说话人和听话人的角度探讨了规约性间接否定的生成动因和理解机制，以及与一般否定句和非规约性间接否定的差异。

我们从词汇、特殊结构、句式等三个层面观察了不同类型的规约性间接否定。韩国语的否定极性副词"전혀""별로""그다지"与汉语中常和否定词搭配使用的副词"岂"功能相似；韩语副词"왜"与汉语的疑问代词在形态上虽有差异，但语义功能相同，使用范围相似。此外，韩语通过形容词"괜찮다"或叹词表达否定意义，而汉语则通过情态动词"能""会""敢""肯"实现间接否定。在特殊结构方面，韩国语的"X 무슨 X""X 뭘 X""X 뭐가 X""X 어디 X"和汉语的"X 什么 X"都是利用疑问代词实现否定功能的结构。韩语的"X 같은 소리하고 있다"和汉语的"宁肯／宁愿／宁可＋小句"也

是固化结构的规约性间接否定。在句子层面，汉语和韩国语的疑问句、条件句、选择句、反语形式都可以实现规约性间接否定。

汉韩非规约性间接否定的表达形式多样，主要通过转移话题、拐弯抹角、叙述事实、叙述原因或理由、模糊表达等方式实现。在语用功能上，汉韩间接否定既有差异也有共性。汉语间接否定主要起到委婉表达和强调效果，突显主观情态；而韩国语间接否定则主要起到委婉表达和谦逊效果，强调主观态度，维持面子以及调节主观情态等语用效果。

在规约性间接否定的使用机制上，说话人根据"维持面子""保护自我""表达情感"的需求使用规约性间接否定，汉语和韩国语的规约性间接否定在形成过程中都违反了"方式准则"。关于听话人理解规约性间接否定的过程，本书根据关联理论推导出规约性间接否定是听话人通过"直接推理"得出的。

汉韩羡余否定的对比研究中，本书从句法和语义角度对汉韩羡余否定进行了对比分析。汉语和韩国语中都存在丰富的羡余否定，但根据各自语言的特点，羡余否定的表达形式和语义存在许多差异。汉韩羡余否定的特点可以归纳为以下几点。

首先，汉韩羡余否定类型在分布上呈现出不对称性。汉语中的羡余否定种类及其表达方式比韩国语中的更为丰富，且汉语的使用范围也更为广泛。其次，在句法特点上，汉韩羡余否定也存在差异。汉语羡余否定的形式可以分为 [X+NgeVP] 和 [NegX+VP]，而韩国语羡余否定的形式可以分为 [Neg（VP）+VP] 和 [XNeg（+VP）]。尽管汉韩语羡余否定的具体表达形式各不相同，但总体上都可以划分为与"VP"结合的羡余否定和其他成分结合的羡余否定。在这一点上，两种语言是相似的。最后，汉韩羡余否定中都包含与时间相关的羡余否定和表达推测的羡余否定。然而在具体使用中，说话人的主观焦点表达形式以及句子的具体语义上，两种语言之间依然存在显著差异，不存在语义完全相同的对应形式。

韩国语中的"‐잖다"和"‐찮다"类羡余否定以及汉语中的"好不"类羡余否定，都是在语义上存在逻

辑矛盾的表达形式。此外，汉韩羡余否定并不总是与之对应的肯定式形成唯一的对应关系。根据不同的句法层次划分，羡余否定对应的肯定式存在歧义，这种歧义也是实现羡余否定的重要依据。此外，汉语中的"差点儿"类羡余否定主要源于说话人的主观态度产生的歧义，而韩国语羡余否定中没有这类表达。

再次，汉韩羡余否定既可以表达否定意义，也可以表达肯定意义。对于作为汉韩否定范畴研究重要组成部分的羡余否定，我们首先需要全面且系统地归纳总结其语言特点，然后在此基础上进一步分析羡余否定的使用机制。本书主要围绕汉韩羡余否定的句法特点和语义特点进行了详细的描述，并总结了它们的异同点。

最后，本书选取汉语的"什么"和韩国语的"무엇"，对两者的否定用法进行了详细分析。研究结果表明，"什么"和"무엇"的否定用法既有共同之处，也有不同之处。在句式类型上，汉语的"V+什么""V什么V""什么+NP""什么+VP""什么"独用与韩国语的"VP+무엇""X+무엇+X""무슨+NP""무엇+VP""무엇"独

用相似。然而，在实际使用中，结构不同的"V+什么"与"무엇+VP"的功能趋同，"什么+VP"与"무엇+VP"都常用于引述性否定。韩国语中的"X+무엇+X"的适用范围大于汉语中的"V+什么+V"，两者都可以与谓词性成分结合，而韩国语还能与体词性成分结合使用。此外，否定体词性成分的韩国语句式类型有"NP+무엇"和"무슨+NP"，而汉语只有"什么+NP"。两种语言都能否定"NP"的适宜条件，韩国语还能够通过"NP"否定潜在的动作行为。"V+什么+NP"虽然是韩国语没有的结构，但通过"무슨+N+V"可以行使相同功能。

根据"信息量越大其语言表达就越长越复杂"的数量象似性原则，"什么"和"무엇"否定用法的固定结构都是基本句式的拓展用法。汉语主要通过重复否定焦点成分来确定否定义，而韩国语则采用一些具有否定含义的语尾或其他固定结构。我们还发现，汉语"什么"的否定用法在形式上更偏向于使用谓词性成分，即"什么"与谓词性成分结合的句式较多，且在"V+什么+NP"的省略表达中保留的成分依然是"VP"；而韩国语在形式

上更偏向于使用体词性成分，即"무엇"与谓词性成分和体词性成分结合的句式各有三类，但在"VP+무엇"和拓展用法"VP+뭐가 있다고"中一般使用依存名词"-것"，把整个"VP"名词化，"무슨+N+V"的省略式中保留的成分也是"N"。

参考文献

曹婧一.羡余否定的语用认知分析[D].首都师范大学，2007.

陈新仁等.语用学与外语教学[M].北京：外语教学与研究出版社，2013.

陈秀清.论羡余否定的形成机制及制约因素[J].中文信息学报，2018，32(03)：9-16.

戴耀晶.试论现代汉语的否定范畴[J].语言教学与研究，2005，2000，(03)：45-49.

戴耀晶.汉语否定句的语义确定性[J].世界汉语教学，2004，(01)：20-27.

戴耀晶.试说"冗余否定"[J].修辞学习，2004，(02)：

3–6.DOI：10.16027/j.cnki.cn31–2043/h.2004.02.002.

范晓民，崔凤娟.隐含否定的类型探析[J].辽宁科技学院学报，2007，(01)：52–57.

冯丽颖.否定的功能：篇章与语境[J].四川外语学院学报，2006，(01)：77–90.

郭锐.衍推和否定[J].世界汉语教学，2006，(02)：5–19.

何春燕.语用否定的类型及使用动机[J].解放军外国语学院学报，2002，(03)：20–53.

侯国金.冗余否定的语用条件——以"差一点+(没)V、小心+(别)V"为例[J].语言教学与研究，2008，(05)：70–77.

胡清国.否定形式的格式制约研究[D].华中师范大学，2004.

胡清国.现代汉语否定表述问题研究综述[J].合肥工业大学学报(社会科学版)，2007，(01)：110–114.

惠秀梅.否定意义的主观性[J].外语学刊，2010，(06)：6–8.DOI：10.16263/j.cnki.23–1071/h.2010.06.045.

江蓝生.概念叠加与构式整合——肯定否定不对称的解释[J].中国语文，2008，(06)：483–575.

金龙军.韩国语特殊否定表达研究[D],上海外国语大学,2015.

孔庆成.否定修辞作用的语用机制[J].语言文字应用,1998,(01):61-68.DOI:10.16499/j.cnki.1003-5397.1998.01.019.

李明.羡余否定出现的条件[J].当代语言学,2023,25(01):1-28.

李明.羡余否定:词义驱动还是语用驱动? [J].世界汉语教学,2024,38(02):160-174.DOI:10.13724/j.cnki. ctiw.2024.02.010.

李宇凤.反问的回应类型与否定意义[J].中国语文,2010,(02):114-191.

李宇明.形容词否定式及其级次问题[J].云梦学刊,1997,(01):77-81.

梁晓波.否定的认知分析[J].外语研究,2004,(05):12-80.

梁晓波.否定的语用认知分析[J].外国语言文学研究,2005,5(3):35-79.

邵敬敏."非X不Y"及其变式[J].语文天地,1988(1).

沈家煊."语用否定"考察[J].中国语文,1993,(263):321-331.

沈家煊.不对称和标记论[M].江西:江西教育出版社,1999.

沈家煊.语言的"主观性"和"主观化"[J].外语教学与研究,2001,(04):268-320.

石婧.现代汉语羡余否定现象研究[D].吉林大学,2011.

石毓智.肯定和否定的对称与不对称[M].北京:北京语言文化大学出版社,2001.

时春晖.基于标记理论的现代汉语羡余否定现象研究[D].北京外国语大学,2014.

寿永明.疑问代词的否定用法[J].上海师范大学学报(哲学社会科学版),2002,(02):113-117.DOI:10.13852/j.cnki.jshnu.2002.02.020.

王灿龙.说"VP之前"与"没(有)VP之前"[J].中国语文,2004,(05):430-480.

王进文.现代汉语羡余否定及其格式研究[D].扬州大

学, 2008.

王志英.现代汉语特殊否定现象认知研究[D].上海师范大学, 2012.

王助.汉语否定羡余词的特性[J].现代语文(语言研究版), 2009, (03): 40-44.

文贞惠.现代汉语否定范畴研究[D].复旦大学, 2003.

徐杰.汉语研究的类型学视角[M]//刘丹青.方所题元的若干类型学参项.北京: 北京语言大学出版社, 2005.

徐盛桓.否定范围和否定中心的再探索[J].外国语(上海外国语学院学报), 1990, (05): 19-29.

杨子, 王雪明.现代汉语冗余否定的类型研究[J].语言研究, 2015, 35(01): 67-73.

袁毓林.论否定句的焦点、预设和辖域歧义[J].中国语文, 2000, (02): 99-189.

袁毓林.动词内隐性否定的语义层次和溢出条件[J].中国语文, 2012, (02): 99-191.

袁毓林."差点儿"中的隐性否定及其语法效应[J].语言研究, 2013, 33(02): 54-64.

袁毓林.汉语反事实表达与相关的思维特点[J].第十三届全国语言学暑期高级研修班,2016.

曾莉.非规约间接否定:作为语用策略的言语行为[D].华中科技大学,2009.

张伯江.否定的强化[J].汉语学习,1996,(01):15-18.

张晓涛.现代汉语疑问范畴和否定范畴的相通性及构式整合[D].吉林大学,2009.

张谊生.现代汉语预设否定副词的表义特征[J].世界汉语教学,1996,(02):31-35.

张谊生.说"难免":兼论汉语的虚化方式和羡余否定[J].中国语言学报,1999(09).

张谊生.现代汉语副词研究[M].上海:学林出版社,2000.

钟书能,刘爽.汉语羡余否定构式中的"没"真的是个羡余标记吗? [J].外国语(上海外国语大学学报),2015,38(03):24-32.

周一民.北京话里的"差点儿没VP"句式[J].语言教学与研究,2003,(06):24-30.

朱德熙.说"差一点"[J].中国语文,1959,(09).

朱德熙.朱德熙文集(第二卷)[M]// 朱德熙.汉语句法里的歧义现象.北京:商务印书馆,1999.

邹立志."好不A"诸现象的语义语用考察[J].世界汉语教学,2006,(03):52–56.

Burton–Roberts N. On Horn's dilemma: presupposition and negation1[J]. Journal of Linguistics, 1989, 25(1): 95–125.

Blake B J. T. Givón, Syntax: a functional–typological introduction, volume II. Amsterdam: John Benjamins, 1990. Pp. xxv+ 552 [J]. Journal of Linguistics, 1992, 28(2): 495–500.

Fauconnier G. Mental spaces: Aspects of meaning construction in natural language[M]. Cambridge University Press, 1994.

Fillmore C. Scenes and Frames Semantics [J]. Linguistic Structures Processing Fundamental Studies in Computer Science, 1977, 5.

Horn L R. Metalinguistic negation and pragmatic ambiguity[J]. Language, 1985: 121–174.

Horn L. A natural history of negation [J]. 1989.

Lakoff G. Women, Fire and Dangerous Thing: What Catergories Reveal About the Mind [J]. 1987.

Lee, Chung-min. Information Structure and PA/SN conjunction: with reference to scalar implicatures, information[J]. Presented at The 3rd Int'l Conference on Contrastive Semantics/Pragmatics. Shanghai International Studies University, 2005

Lee, Chung-min. Contrastive topic/focus and polarity in discourse, Where Semantics Meets Pragmatics, CRiSPI 16, Elsevier, 2006, 381–420

Lee C. Contrastive (predicate) topic, intonation, and scalar meanings[J]. Topic and Focus: Cross-linguistic Perspectives on Meaning and Intonation/Springer, 2007.

Lee H K. The PA/SN distinction in Korean[J]. 어학연구, 2005.

Lee H K. Presupposition and implicature under negation [J]. Journal of pragmatics, 2005, 37(5): 595-609.

Lee, Ki-dong. A Korean Grammar on Semantic-Pragmatic Principles, Hankwuk Mwunwhasa, 1993

Noh E J. Echo questions: Metarepresentation and pragmatic enrichment [J]. Linguistics and philosophy, 1998: 603-628.

Noh E J. Metarepresentation: A Relevance-Theory Approach [J]. Amsterdam: John Benjamins Publishing Company, 2000.

Sperber and Wilson. Relevance: Communication and Cognition [M]. Oxford: Blackwell, 1995.

Yoon, Suwon. Expletive negation in Japanese and Korean [J]. In Proceedings of 18th Japanese/Korean Linguistics Conference, 2008.

구종남. 부정의 영역과 언어 내적 논리: 단형부정 문의 중의적 해석과 관련하여 [J]. 국어국문학, 1991, (106): 171-191.

구종남. 국어 부가 의문문의 융합 구조에 대하여 [J]. 어학, 1992, (19) : 195-216.

구종남. 국어 부정의문문에 대한 응답 방식 연구: 통계적 접근연구의 목적 [J]. 국어국문학, 2004, (136) : 193-229.

구현정. "아니, 안 하는 게 아니잖아" : 부정 표현의 문법화 [J]. 담화와 인지, 2008, 15 (3) : 103-126.

국지연, 이성범. '말해진 것'의 명시의미: 적합성이론 분석 [J]. 담화와 인지, 2007, 14 (2) : 1-235.

김동식. 부정 아닌 부정 [J]. 언어, 1981, 6 (2) : 99-116.

김미숙. 부정문의 간접화행 연구 [J]. 명지대학교 박사학위논문, 1997.

김송희. 한국어의 비전형적인 부성 구성 연구 - 상위언어적 부정 및 부정이 아닌 부정을 중심으로 - [D]. 서울대학교, 2014.

김순길. 중국인 학습자를 위한 한국어 잉여적 표현 고찰 [J]. 국제어문학, 2015, (31) : 25-44.

김승곤. 물음법 씨끝「-을까」의 형성에 대하여 [J]. 한말연구, 1996, (2) : 41-53.

김태자. 국어학에서의 함의와 함축 [J]. 국어국문학, 2010, (48) : 23-39.

나찬연. 우리말 잉여표현 연구 [J]. 월인, 2004.

남길임. '아니다' 의 사용패턴과 부정의 의미 [J]. 한국어 의미학, 2010, (33) : 41-65.

박재연. 인식 양태와 의문문의 상관관계에 대하여 [J]. 어학연구, 2005, (41) : 101-118.

박정규. 국어 부정문의 의미 해석 [J]. 국제어문, 1991, (12) : 117-147.

박정규. 국어 부정문의 의미와 통사 연구 [J]. 서강대학교 박사학위논문, 1995.

박정규. 국어 부정문의 체계적 연구 [J]. 서울: 보고사, 2002.

박종갑. 국어 의문문의 화용론적 특성 (2) : 유형과 의미 - '- 을까' 유형의 의문문을 중심으로 - [J]. 어문학, 1986, (3) : 45-64.

박진호. 허사 부정의 출현 환경 [J]. 언어유형론연구회 제3회 연구발표회 발표자료집, 2011.

서상규. 국어 부정문의 의미 해석 원리 [J]. 외국어로서의 한국어교육, 1984, (9) : 41-79.

서상규. 문법연구와 자료: 이익섭 선생 회갑 기념 논총 [M]. 서울: 태학사, 1998.

서울대학교 국어교육연구소 편. 한국어 교육학 사전 [M]. 서울: 도서출판 夏雨, 2014.

손세모돌. '-잖-'의 의미, 전제, 함축 [J]. 국어학, 1999, (33) : 213-240.

윤재학. 부정어의 잉여성 [J]. 언어학연구, 2011, (21) : 229-254.

이기웅. 전제와 부정 [J]. 언어학, 1999, (24) : 211-228.

이성범. 추론의 화용론 [M]. 서울: 한국문화사, 2001.

이은재, 이상철. 부정 현상과 층위 담화 표상 이론 [J]. 언어연구, 2006, 22 (2) : 57-79.

이응백, 김원경, 김선풍. 국어국문학자료사전 [M]. 서울: 한국사전연구사, 1998.

이정애. 국어의 간접성과 NSM[J]. 어문학, 2012, (118): 37-61.

이창덕. 현대 국어 부정 의미의 표현 형식과 화용 체계 연구 [J]. 국어교육연구, 2014, (55): 265-288.

임지룡. 의미의 인지모형에 대하여 [J]. 어문학 통권, 1996, (57): 321-340.

장경기. 국어의 부정의문문과 전제 [J]. 어학연구, 1986, 22 (1): 19-40.

장경기. 국어 부정의문문의 구조와 의미해석 [J]. 현대영미어문학, 1993, (10): 173 -203.

장경희. 국어 의문문의 긍정과 부정 [J]. 국어학, 1982, (11) : 89-115.

장석진. 국어의 부가 의문 - 형식과 기능 - [J]. 언어, 1984, (9-2): 259-277.

장유. 한·중 부정 의문문의 대조 연구 [D]. 연세대학교, 2012.

장윤희. '전(前)'의 내포문 구성의 문법사 [J]. 어문연구, 2008, 36 ⑴ : 85-104.

조소영. 한중 언어 전환에 나타나는 잉여 현상 [J]. 중국연구, 2008, ⑷2 : 131-144.

조은경. 현대중국어 부정문의 정보구조와 부정초점 연구 [D]. 연세대학교, 2009.

조준학. 영어와 한국어의 중복표현에 관한 화용론적 고찰 [J]. 어학연구, 1993, (29-1) : 1-20.

최재희. 국어 중복 표현의 유형과 의미 구조의 특성 [J]. 국어학, 2000, (36) : 401-426.